KB083681

죽는 날까지 지적으로 살고 싶다

죽는 날까지 지적으로 살고 싶다

지은이 | 정성현
발행일 | 초판 1쇄 2019년 8월 7일
발행처 | 멘토프레스
발행인 | 이경숙
본문디자인 | 이은화
교정 | 서광철
인쇄 · 제본 | 한영문화사
등록번호 | 201-12-80347 / 등록일 2006년 5월 2일
주소 | 서울시 중구 충무로 2가 49 - 30 태광빌딩 302호
전화 | (02)2272 - 0907   팩스 | (02)2272 - 0974
E-mail | mentorpress@gmail.com
홈피 | www.mentorpress.co.kr
ISBN 978-89-93442-53-3 (03190)

죽는 날까지 지적으로 살고 싶다

멘또 press

목차

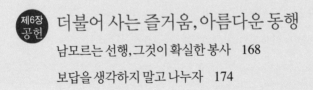

제7장 죽음 아름답게 이별할 권리

돈 걱정 없는 행복한 노후생활

은퇴 후 돈 없어도 행복한 노후생활이 가능할까? 인생 100세 시대를 어떻게 준비할까? 이에 대한 고민은 어려운 문제일 수밖에 없다. 100세 시대는 돈도 중요하지만 그것보다 더 무서운 것들이 있다. 행복한 삶을 누리기 위해서는 삶에 대한 구체적인 준비가 필요하다. 노후자금 마련의 문제만이 아니다. 경제, 일, 건강, 시간, 가정, 공헌, 죽음에 대한 인식과 상응하는 대비가 필요한 것이다.

나는 60세 이후를 노년으로 규정하고 그저 시간을 흘려보낼 생각만 했다. 후회한다. 돌아보면 그것이 가장 뼈아픈 실수다. 명함을 벗고 홀로 남겨진 시간이 길어지면서 알았다. 난 여전히 건강하고 무엇이든 할 수 있고, 살기 위해서 무언가를 해야만 한다는 것을.

우리나라 노인 기준연령은 만 65세다. 1954년생은 2019년부터 공식적으로 노인이 된다. 이들의 노후생활은 얼마나 갈까? 통계청은 1954년생 남자 기대수명을 82.83세로 발표했다. 박유성 고려대 통계학과 교수는 1954년에 태어난 남자는 10명 중 4명(39.6%)이 살아서 98세 생일을 맞이할 것으로 내다봤다.

고령화 속도는 경제협력개발기구(OECD) 국가 중 1위다. '최빈最頻사망연령'도 매년 올라가는 추세다. 전문가들은 우리나라 '최빈사망연령'이 2020년 90세를 넘어설 것으로 전망한다. 60세 은퇴 후 40년을 더 살아야 한다. 당신은 생각보다 오래 산다. 이때 준비 없이 맞는 은퇴는 재앙이 될 수 있다. 한시라도 빨리 은퇴이후의 삶을 계획, 준비하는 것이 현명하다.

은퇴준비를 어떻게 할 것인가? 이 책을 쓰기로 선택한 것은 내 인생 최고의 결정이다. 다른 사람에게 나의 경험과 실패를 전하고 싶은 마음에서 시작되었다. 나와 같은 시행착오를 겪지 말기를 바라는 마음뿐이다. 하지만 독자여러분은 내 이야기들을 다 아는 이야기라고 생각할 수도 있을 것이다.

성공한 사람들의 이야기로 기대했다가 실망할지도 모른다. 그렇지만 분명하게 말할 수 있다. 나의 시작은 평범했다. 어떻게 보면 내 상황은 다른 사람들의 모범이 될 만한 내용은 하나도 없다고 할 수도 있다. 나는 직장생활 40년 동안 미적지근하게 살아왔다. 무엇 하나 자신 있게 내세울 게 없다. 열심히 살았지만 보람 있고 의미 있는 삶이 있었는지 물으면 자신 있게 답할 수 없다. 하지만 무엇인가 있지 않을까?

불안하고 두려웠다. 그래도 책을 쓰고 싶었다. 이 책을 쓰면서 나 자신 스스로에게 더 많은 것을 배우고 인생 2막을 준비하는 데 커다란 도움이 될 것이라 확신하게 되었다. 한편으로는 나처럼 책을 쓰겠다고 도전하는 사람도 있을 것이다. 이 책이, 이미 늦었다고 주저하는 많은 사람들에게 희망이 되길 바란다. 누구나 마음만 먹으면 책을 쓸 수 있다고 자신 있게 말하고 싶다. 기회는 언제나 준비된 사람들에게 온다.

이 책은 은퇴 이후 내 삶에 닥친 일들을 돌아보며 은퇴자에게 꼭 들려주고 싶은 7가지 이야기를 엮어서 만들었다. 본문에서는 주제별로 일, 경제, 건강, 시간, 가정, 공헌, 죽음 등 일곱 가지로 나누어 이야기하고 있다.

일 - 나만의 필살기를 만들어라
건강 - 더 건강해지려는 욕심을 줄이고 지금의 건강을 유지하라
시간 - 명함을 벗었으니 이제 온전히 당신을 만나라
가정 - 남편의 시간을 아내에게 투자하라
공헌 - 더불어 사는, 베풀고 봉사하는 삶
죽음 - 아름다운 죽음, 그리고 존엄사

내 경험과 생각이 옳다고는 할 수 없다. 은퇴 후의 삶에 조금이라도 기여하고 종합적으로 준비해야 됨을 이해하고 돈의 굴레에서 벗어날 수 있다면 다행이다. 이 책의 주인공은 바로 당신이다.

자! 지금부터 인생 최고의 순간을 위한 7가지 질문의 길에 들어서 보자.

2019. 6
정 성 현

제1장·일

평생 현역, 행복한 일거리

훗날에 훗날에 나는 어디선가
한숨을 쉬며 이야길 할 것입니다.
숲속에 두 갈래 길이 있었다고,
나는 사람이 적게 간 길을 택하였다고,
그리고 그것 때문에 모든 것이 달라졌다고

- 프로스트 〈가지 않는 길〉 중

 어느 길을 택할까?

 2012년 정년퇴직 후 5개월 동안은 홀가분한 마음으로 독서와 청주 무심천 하상도로를 산책하는 일이 유일한 낙이었다. 스쳐 가는 사람들, 이름 모를 꽃들, 유유히 흘러가는 구름 등을 핸드폰 으로 사진을 찍기도 했다. 여유를 만끽했다. 그렇게 5개월이 지 났다. 이렇게 사는 것이 은퇴 후의 '삶의 의미'를 찾을 수 있는 생 활인가 하는 회의감이 들기 시작했다. 건강을 위한다고 소식小食 을 하다 보니 5개월 만에 몸무게가 2킬로그램이 빠졌다.

 "정 지점장, 어디 아픈가?" 라는 소리가 들렸다. 그도 그럴 것 이 마른 체격에 2킬로그램을 뺐으니 그런 소리를 들을 만했다. 내가 봐도 얼굴이 홀쭉해졌다. 초조한 마음이 들기 시작했다.

 앞으로 어떻게 살 것인가?

 등산도 하고 여행도 가고 골프나 치면서 언제까지 일 없이 지낼 것인가?

 좀 더 삶의 의미를 느낄 수 있는 일은 없을까?

은퇴는 우리를 자유롭게 이끌 수도 있지만 심심한 방콕(?)에 가둬버릴 수도 있다. 이 자유를 온전히 내 것으로 만들려면 창의적이고 독립적인 정신의 힘을 갖추어야 한다. 그러려면 무엇보다 자기만의 관심사와 목적이 있어야 한다.

은퇴하기 전, 일과 삶의 불균형 속에서 살았던 사람들에게 은퇴 후 처음 몇 개월은 꽤 힘든 시기다. 갑자기 찾아온 자유가 당혹스럽다 못해 두려움마저 느끼게 된다. 자유에 익숙해지는 것과 어떤 활동을 할지 결정하는 것은 쉽지 않다. 수동적인 삶을 살아온 사람들에게는 무거운 짐을 지는 것과 같다.

나는 다행히 은퇴 후, 직업을 갖게 되어 어느 정도의 충격을 줄일 수 있었다. 내가 처음 맡은 일은, S공단 대출 심사역으로 선발되어 소상공인들의 정책자금 지원업무를 수행하는 일이었다. 또한 포장건설업체 Y사에서 관리상무로 근무하기도 했다.

또한 은퇴 이후, 한 달에 한 번 옛 직장친구들과 식사를 하는 것이 일상화되었다. 만나서 주로 하는 얘기는 일과 돈 문제였다.

"정 지점장이 잘 나가는 것 같아."

"글쎄, 일이 있어 좋긴 한데, 이 일이 나에게 의미가 있는 일인지 잘 모르겠어."

나도 은퇴 후에 일이 있다는 것에 자부심을 갖고 있었다. 그러나 자유롭고 행복한 은퇴에 이르는 길은 '삶에 대한 의미 추구'라고 생각한다. 길게 앞날을 내다봐야 한다. 100세 시대, 은퇴 후의 삶은 새로운 인생 후반전의 시작이다. 당장 눈앞에 보이는 것만 생각할 게 아니다. 나 자신에게 이런 질문을 던져봐야 하지 않을까.

나는 누구인가

나는 어떤 일에 관심이 있는가

그렇다면 무엇을 가장 우선순위에 둘 것인가

은퇴를 통해 진정한 자아를 찾을 수 있어야 한다. 자유와 삶에 활력을 불어 넣어줄 수많은 기회들은 만날 수 있는가? 그에 대한 준비는 하고 있는가 고민해야 할 것이다. 무엇보다 지적 혹은 창조적·정신적 목표를 추구해야 한다. 나를 새로 소생시켜야 삶의 에너지 흐름을 바꿔 놓을 수 있다.

최근 방영된 tvN 〈꽃보다 할배 리턴즈〉는 첫 방송에서 9%의 시청률을 찍었다. 대박이었다. 하지만 2013년 처음 이 프로그램이 시작될 때만 해도 '과연 이게 될까?' 하는 의구심이 컸다고 한다. 불안감의 이유는 바로 어르신들이라는 이 프로그램의 출연자들로부터 비롯됐다. 도대체 누가 나이 칠순의 어르신들이 여행을 하는 프로그램을 보겠는가 하는 의구심이었다.

하지만 그것이 기우에 불과했다는 걸 보란 듯이 〈꽃보다 할배〉는 첫 편부터 대박을 쳤다. 성공요인은 오히려 어르신들에게 있었다. 막연히 나이든 세대로 여겼던 그 어르신들이 배낭여행을 통해 여전히 청춘을 구가하는 삶의 자세를 갖고 있다는 게 드러났다.

그래서 그들 역시 젊은 여행이 가능하다는 걸 배낭여행을 통해 보여줬다. 조금 느리면 어떤가. 자세히 들여다보면 실버들의 여행은 그 삶의 경륜을 더해 더 깊은 맛의 여행이 가능하다는 걸 이 프로그램은 톡톡히 보여줬다. 이제 칠순에도 배낭여행을 꿈꾼다. 일찍 노후준비를 함으로써 보다 나은 노년이 되기를 원한다.

개인의 가장 큰 적은 바로 개인, 나 자신이다. 꿈을 행동으로 옮기지 않으면 그것은 꿈에 불과할 뿐이다. 매일 꿈만 꾸고 있을 것인가? 꿈을 꾸고 그것을 시작하리. 새로운 일을 시작하는 용기 속에 당신의 능력과 기적이 모두 숨어 있다. 9회 말 투아웃에 9번 타자에게도 타순은 돌아온다. 기회가 왔을 때 홈런을 칠 것인가? 삼진 아웃을 당할 것인가? 선택은 당신 몫이다. 미래를 준비하며 실력을 쌓아두면 언제든 기회는 온다.

자! 당장 지금부터 무엇이든 시작하자!

나는 행복한가?

나는 지금 이 순간 행복한가? 내일의 행복을 위해 오늘 나는 무엇을 해야 하는가? 어떤 직업을 가졌는가는 문제가 되지 않는다. 다만 당신이 하루의 반을 보내는 일터에서 행복하지 않다면 그것은 큰 문제다. 왜냐하면 최소한 당신 인생의 절반은 불행한 상태이기 때문이다. 지금 이 순간 걱정과 근심, 불안과 두려움은 왜 생겨나는가? 이유는 간단하다. 행복해지기 위해서다.

가정사도 마찬가지가 아닐까? 내 가족이 기쁘지 않은데 밖에서만 성공하면 그것이 과연, 무엇을 위한 성공인가? 내 가족으로부터 사랑받고 신뢰받는 가정이 되는 것, 그것이 곧 진정한 성공이요 참 행복이 아닐까.

내가 행복하지 못한 것이 남의 탓이라고 생각하는 경우가 많다. 나도 그랬다. 내가 먼저 대화하지 못하고 일방적인 지시와 꾸지람을 하는 경우가 많았다. 대화보다는 독단적으로 일을 처리하는 경우가 허다했다. 아내는 아내대로 자녀들은 자녀들대로 불만이 많은 것은 당연했다.

며칠 전에도 딸이 불만을 토로했다.

"아빠는 무엇이든 잘 알아보지도 않고 즉흥적으로 눈앞에 보이는 것만 탓해요."

"맞아! 나니까 참고 살았지."라고 아내도 거든다.

아내도 딸처럼 불만이 많았던 것 같다.

"집안이 썰렁한 적이 한두 번이 아니었다고."

"밖에서는 칭찬이 자자하데!"

"밖에서처럼 집에서도 잘 하면 좋은데～."

나는 속으로 '이제 백수가 됐다 이거지. 오늘 된통 당하네.' 옹졸한 생각을 한다.

그러나 나는 아무 말도 못하고 딸의 훈계(?)를 듣기만 했다. 내가 무심한 탓인지, 미처 생각을 못했다. 가만히 생각해보니 모든 것이 내가 독단적으로 처리한 적이 많았다는 사실이 새삼 가슴 아프게 다가왔다. 왜 진작 내가 먼저 손을 내밀지 못했을까? 이제 예순이 넘어 알게 되었다는 말인가? 가정의 행복은 멀리서 찾지 말고 나부터 바꿔야겠다. 가까운 곳에서 찾아야 하겠다.

행복을 추구하는 것은 마치 자신의 인생을 탐색하는 것과 같다. 자신의 인생에서 행복한 은퇴생활을 하려면 자신의 삶에 스스로 만족하고 있는지 자문해 보아야 한다.

은퇴 시기는 나에게 집중할 시간이다. 나를 사랑하고 존재의 소중함을 깨닫기 위해 신이 내린 축복의 시간인지도 모른다. 희망이나 두려움 속에서 더 이상 미래를 기대하지도 과거를 후회하지도 않아야 한다. 최선을 다해 지금 이 순간과 내가 몸담고 있는 바로 이곳의 삶을 누릴 뿐이다. 행복이란 바로 이 순간이다.

세상에는 세 가지 소중한 금이 있다고 한다. 돈을 상징하는 황금, 음식을 상징하는 소금, 시간을 상징하는 지금이다. 그 중에서도 가장 본질적이고 중요한 것이 '지금'이라고 한다. 내가 살아 있기 때문에 누리고 있는 진정한 나만의 시간이다. 빼앗아 갈 수도 남에게 줄 수도 없는 나의 시간이다. 황금보다도 소금보다도 훨씬 더 소중한 금이 지금이다.

모든 인간관계에서 사람들이 후회하는 공통점은 지금 할 일을 내일로 미루는 데서 생긴다고 한다. 무엇보다 '지금' 이 순간부터 내가 상대하는 모든 이에게 성실하고 진지하게 대하자. 이러한 작은 실천이 행복한 노후를 맞이하는 데 한 발짝 다가서는 첩경이 아닐까. 상대에 대한 증오와 미련을 과감히 버리고 다시 한 번 주위를 둘러보는 것이다.

지금 이 순간 무엇이 보이고 무엇이 들리는가? 지금 이 순간 삶에 충실하자. 내게 주어진 모든 것에 감사하며 기쁘게 누리자. 과거에 대한 후회도 그만하고 내일에 대한 두려움일랑 떨쳐버리고 오늘, 지금 이 순간을 만끽하자.

카르페 디엠!

나는 죽을 때까지 일하기로 했다

2012년 퇴직 후 5개월 간은 아무 생각 없이 지냈다. 산책과 마라톤, 등산, 골프, 독서, 각종 모임 등 '백수가 과로사 한다'는 말이 있듯 바쁘게 지냈다. 누구 눈치 볼 일도 없이 마음대로 행동하니 천국이 따로 없다. 하지만 마음 한구석은 불안했다. 노후에 대한 막연한 불안 심리로 어느 순간, 가위눌린 듯 숨이 막혀왔다. 다시 정신을 차리고, 좀 더 느긋이 세상을 바라볼 필요가 있음을 직감했다.

C시청에서 퇴직하신 고향선배 K가 아파트 경비원을 하고 있었다. 내가 퇴직하자 일자리를 알아본 것이다.

"정 지점장, 아파트 경비원 한번 해볼래."

"네, 노느니 한 번 해보죠."

"그럼, 내일 사무실로 나와."

다음날 나는 면접장에 나가지 않았다. 고향선배는 어렵게 구한 일자리인데 서운해하셨다.

"아직 살만 하구만. 이런 자리도 구하기 쉽지 않아."

나는 다행히 얼마 지나지 않아 S공단 심사역으로 일할 수 있게 되었다. 하지만 은퇴 후 웬만한 직업을 가질 수 있다는 것이 결코 쉬운 일은 아니다.

겸사겸사, 여가 시간에 더해 즐길 수 있는 일이 기다리기라도 할까? 은퇴 후에 모험삼아 여러 가지 일을 시도해볼 수도 있다. 자신을 정말 흥분시키는 직업을 찾았다면 그 재미있는 일이 평생 천직이 될 수 있다. 굳이 돈 버는 일에 목매달 필요도 없다. 은퇴자금이 넉넉하다면 '의무적으로' 일하는 대신 '재미로' 일하는 것이 훨씬 수월해진다.

은퇴 후에도 일을 해야 한다면 일의 성격이 수입보다 중요하다. 일을 즐길 수 있으면서도 수입이 보장되는 직업을 찾아야 한다. 반면 고소득 직업을 가질 필요가 없다면 급여가 적더라도 만족과 즐거움을 주는 일을 선택하는 게 좋다. 은퇴 전의 일보다 지위가 낮은 직업이면 어떤가.

노후는 수능시험처럼 끊임없이 노력하고 준비해야 하는 어려운 과정이다. 직업을 구하려면 찾아야 한다. 두드려야 열린다. 지나치게 소심하거나 변화를 기피하는 사람은 아무것도 하는 일 없이 서서히 죽어간다. 우물쭈물 망설이면 기회는 날아가버린다. 인생은 언제나 행동하는 편이다.

나의 경우, 그동안 시도했던 많은 것들이 실패했어도 포기하지 않았다. 나는 실패를 걸림돌이 아니라 한 걸음 전진을 위한 디딤돌이라고 생각했기 때문이다. 생각을 바꾸고, 그에 따라 행동을 바꾸고, 그렇게 꾸준히 실행을 하다보면 누구나 행복한 노후가 기다리고 있을 것이다. 아무리 실패를 하더라도 비록 늦은 나이라 할지라도 인생을 다시 시작해보는 것이다.

"아빠 이제 좀 쉬세요!"

아들이 내가 무엇이든 하려고 하는 모습을 보고 걱정이 되는지 한마디 한다. 며칠 전 스팀세차장 운영을 해보겠다고 했다.

"어차피 죽으면 썩을 몸인데 아끼면 뭐해."

아내도 나와 같은 생각을 가지고 있다. 지금은 몸이 아파 쉬고 있지만, 경제적인 어려움 때문이기도 하지만 '나는 죽을 때까지 일하기로 했다'고 자주 말한다. 그것이 젊음과 건강의 비결이다.

인간의 뇌는 쉬겠다고 생각하는 순간 급속히 소멸하기 시작한다는 말이 있다. 인생의 후반을 만족스럽고 멋지게 보내기 위해 죽을 때까지 놓지 말아야 할 것들이 무엇인지 곰곰 생각해보게 된다. 생生이 다하는 날까지 품격 있게 행복한 삶을 살 것인가? 죽음의 순간을 기다리며 하루하루 무의미하게 보낼 것인가? 인간의 뇌는 120살에도 스무 살 청춘에 못잖은 활력과 자극을 원한다고 한다. 지知의 열정에는 나이가 없다. 죽는 그날까지 지적으로 살고 싶다.

버킷리스트Bucket List 작성

은퇴준비는 언제부터 준비해야 할까? 은퇴준비는 빠를수록 좋다. 노후자금 준비의 함정에 빠지지 말고 노후를 어떻게 하면 행복하게 즐길 수 있는지 방법을 찾는 지혜가 필요하다.

내가 지금 이 자리에 있는 것은 과거에 했던 행동들에 대한 결과이다. 그리고 지금 이 순간 용기 있게, 설렘의 첫 발을 내딛는 행동은 내 앞에 새 세상을 열어줄 열쇠가 될 것이다. 새로운 기회를 찾아내려면 과거 어떤 일에 헌신했든 간에 그것으로부터 자유로워져야 한다. 과거를 돌아보지 말자. 어제의 아쉬움과 미련이 나의 발목을 잡을 수도 있으니까. 오로지 앞으로 어떤 사람이 되고 싶은지 스스로 발견하는 데 집중해야 한다.

N은행 지점장이었던 C씨는 농식품 제조업으로 성공했다. 다이어트 식품인 밀가루가 전혀 들어가지 않은 보리국수를 개발했다. 2018년 제3회 농산식품 아이디어 경연대회에서 수상하

기도 했다. HACCP 인증을 받은 안전한 식품이다. 중국에 수출 길도 열었다. "앞으로 보리짜장면, 보리수제비 등 보리에 대한 풍부한 경험과 노하우를 바탕으로 고품질의 보리식품을 생산 하기 위해 노력하겠다"고 그는 말했다. 전혀 새로운 분야에서 기회를 찾아내어 성공을 거둔 것이다. 어려운 고비를 겪었던 그 이기에 그 성공이 더욱 자랑스럽게 느껴졌다. 인생 후반전, 그 의 멋진 도전과 성공을 응원했다.

지금 당장 과거의 나와 결별하고, 익숙한 안전지대에서 걸어 나와, 상상해보지 않았던 미래를 상상해보면 어떨까? 인간은 습관의 동물이며 대개 안정된 틀에서 벗어나는 것을 좋아하지 않는다. 하지만 과거의 나와 다른 사람이 되는 것은 적극적인 삶을 살기 위해 반드시 필요하다. 인생은 자전거를 타는 것과 같다. 페달을 멈추지 않으면 좀처럼 자전거에서 떨어지지 않는 다. 자! 어느 정도 준비가 되었다면 이제 새 인생의 서막을 알리 는 페달을 밟을 때다. 실천에 옮기는 것이 무엇보다 중요하다.

한번은 TV를 보던 아내가 급하게 부른다. 〈알뜰신잡〉 프로 그램을 보고 있었던 모양이다.

"TV 좀 잠깐 봐, 저기 저곳으로 여행 가면 좋겠다."

"정말 멋있다. 나도 가고 싶은데."

피렌체였다. TV화면이지만 정말 아름다운 도시다. 뉴질랜드 의 광활한 자연, 이집트의 피라미드, 로마, 그리스, 인도는 죽기 전에 꼭 한 번 가보고 싶은 곳이다.

그런데 과연 안 가본 데가 없고 여한餘恨없이 많이 다녀서 가고 싶은 데가 없다(?)고 말하는 사람들은 마냥 행복하기만 할까? 앞으로 할 일도 없고, 하고 싶은 것도 없다면 얼마나 불행한 일일까 생각해본다. 여전히 인생여정에서 가고픈 길이 남아 있고 아직 못다 이룬 꿈이 있기에, 그 희망찬 미래를 그리며 앞으로 조용히 전진한다. 그 꿈을 이루기 위해 버킷리스트를 만들어보는 것도 도움이 된다. 죽기 전에 꼭 한 번 하고 싶은 것들의 리스트를 만들어보자.

가끔 홀로 있는 시간, 오래전에 작성해놓은 버킷리스트를 꺼내 본다. 가슴에 잔잔한 흥분이 일렁거린다. 직장생활에는 정년이 있으나 인생에는 정년이 없다. 나이 들어 행복하려면 새롭게 인생설계를 해야 한다. 목표가 설정되면 지금 당장 시작하자.

나는 버킷리스트를 1998년 야간대학을 다니면서부터 작성하기 시작했다. 소형 수첩에 하고 싶은 일을 수시로 생각날 때마다 적었다. 그렇게 20년째 해오고 있다. 목표를 달성했다는 자체가 중요한 것이 아니다. 꿈을 꾸고 꿈을 실천하다 보면 어느 순간에 그 앞에 도달해 있는 자신을 발견하게 된다. 꿈을 꾸고 실천하는 그 과정 자체가 행복이다.

고등학교 졸업 후 직장생활을 했기 때문에 야간대학 입학 때에는 대학졸업만이 유일한 꿈이었다. 버킷리스트를 작성하고 실천하다보니 꿈이 현실화되었다. 2018년 버킷리스트에 엉뚱

꿈은 실천하지 않으면 그저 꿈일 뿐
버킷 리스트를 작성!

아내와 손 꼭잡고 유럽 일주여행하기
베스트셀러 작가되기
남자의 마지막 자존심 王복근 만들기
무인도에서 나 홀로 정글의 법칙 찍기······

하게도 영어, 일어, 중국어, 스페인어 등 4개 국어를 배우겠다고 적었다.

버킷리스트 작성은 간단하다. 다음 네 가지를 참고해서 작성해 봄직하다. 아마 이미 다 알고 있는 내용인지도 모르겠다. "나는 어떤 인생을 살고자 하는가?" "나는 어떤 삶이 가치 있는 삶이라고 생각하는가?" 성찰하면서 작성해보자.

첫째, 실천하지 못했던 소소한 일부터 적어보자.

생활하다 보면 문득문득 하고 싶은 일이 떠오른다. 너무 거창하게 생각지 말고 그때그때 바로 수첩에 무조건 적어본다. 반복되거나 말이 되지 않아도 상관없다. 적다보면 100개도 될 수 있다.

둘째, 내가 중요시하는 가치를 생각해보자.

아내와 손 꼭잡고 유럽일주 여행하기, 베스트셀러 작가되기, 남자의 마지막 자존심 王복근 만들기, 무인도에서 나 홀로 정글의 법칙 찍기 등 하고 싶은 것을 생각나는 대로 적어보자.

셋째, 구체적인 달성기간을 정해둔다.

그래야 목표달성 가능성이 높아진다. 이를테면 30평대 아파트 7년 이내 입주한다, 3년 이내에 가족 해외여행을 간다 등 달성기간을 정하는 것이 실천하는 데 도움이 된다.

넷째, 다소 엉뚱한 꿈을 하나 정도는 포함시켜 보자.

목표를 달성하지 못해도 상관없다. 무인도에서 일주일 살아보기, 영어·중국어·일어·스페인어 등 4개 국어 배우기처럼 황당하지만 재미있다.

그 다음에는 현실적으로 바로 실천할 수 있는 우선순위를 매긴다. 머리로만 생각하지 말고 반드시 노트에 적고 버킷리스트를 자주 볼 필요가 있다. 내 경험으로는 그래야 실천 가능성이 높아진다. '적자생존(적어야 산다)'이라는 말처럼.

'버킷리스트를 얼마나 달성하느냐'보다 어떤 꿈을 꾸고, 그 꿈을 실현하기 위해 얼마나 노력했는가 하는 그 과정이 중요하다. 꿈은 실천하지 않으면 그저 꿈일 뿐이다. 꿈을 이루기 위해 실천하는 그 과정이 삶이 아니겠는가? 꿈이 달성되는 것을 상상하면 매일매일 힘이 솟아나고 행복감을 느끼게 된다. 행복이 별건가!

나이 들수록 나이를 잊어버려야

'사람은 오래 살아서 늙는 것이 아니라 꿈을 잃어버릴 때 늙는다. 젊음이란 의지와 상상력 그리고 비겁함을 모르는 용기, 편안함을 거부하는 모험심이 이루어 내는 정신상태다.' 사무엘 울만Samuel Ullman의 〈청춘〉이란 시의 일부다.

전 직장동료들과 얘기를 하다보면 나이 듦에 대한 두려움이 있다. 나 역시도 마찬가지다. 일단 몸에서 신호를 보내니까. 그러나 마음만은 젊게 살 필요가 있다. 그래야 새로운 일을 도전할 수 있고 건강해지는 비결이다.

나는 노인이 되고 안 되고는 나이를 받아들이는 자신의 태도와 마음가짐에 달려 있다고 본다. 젊다고 생각하면 말년을 분주하고 행복하게 보내는 데 도움이 된다. 은퇴 후에도 여전히 활동적이고 창조적으로 살아가는 사람들은 많다.

행복의 비밀 중 하나는 나이를 잊는 것이다. 젊음을 용솟음치게 하는 것은 자신의 마음, 자신의 재능, 창조성 그리고 자신이 사랑하는 사람들의 삶에 대한 통찰이다. 이런 것을 잘 사용하는 법을 알면 진정 나이를 극복할 수 있다.

어떤 목적도 없는 은퇴는 경우에 따라서 지옥일 수 있다. 반대로 여전히, 자신의 삶에 중요한 목적을 지닌 사람들에게 은퇴는 천국이다. 가장 성공적인 은퇴자는 중요한 인간관계나 취미 또는 삶에 열정을 불어넣어 주는 뭔가를 늘 지닌 사람들이다.

그렇다면 나는 몇 살까지 일을 할 수 있을까? 서슴없이 108살까지 일하겠노라 말하고 다닌다. '재수 없으면' 120살까지 살지도 모르니까.

'홍춘이'는 우리 집에서 기르는 고양이 이름이다. 별명은 '빡구'다. '페르시안 친칠라' 種種이다. 6년 전 어느 날 집에 오니 고양이 한 마리가 있었다.

"웬 고양이?"

"딸이 가져왔어. 친구가 사정이 있어 잠깐 데리고 있을 거래."

"그래! 근데 처음 보는데도 도망 안 가네."

고양이는 고개를 들어 나를 말똥말똥 쳐다보는 것이었다. 전혀 낯설지 않고 예뻐 보였다. 첫눈에 호감이 갔다.

내가 고양이를 무척 싫어하기 때문에 딸은 친구 집에서 몰래 기르다가 친구사정 때문에 할 수 없이 집으로 갖고 온 것이다. 그런데 뜻밖에도 처음 본 순간부터 너무 예쁘게 보였다. 아침 새벽에 내가 일어날 시간이면 방문을 박박 긁는다. 지금은 홍춘이가 안 보이면 찾아다닌다. 딸이 "나보다 홍춘이를 더 좋아하네."라고 질투까지 한다.

그동안 나는 고정관념固定觀念에 사로잡혀 있었던 것이다. 그 이전에는 고양이를 싫어했지만 집에서 고양이를 반려동물로 기르다 보니 이제는 모든 길고양이도 예쁘게 보이기 시작했다. 사람 마음이 어쩌면 이렇게 간사奸邪할까?

직장생활 40여 년 동안 쌓인 고정관념과 편견을 털어버려야 했다. 기존의 묵은 생각들을 버리는 순간 세상을 보는 시각이 넓어지며 달리 세상이 보이기 시작했다. 긍정적인 생각이 한층 더해졌다. 자신감 또한 배가되었다. 꿈이 많으면 아직 젊은 것이다. 나이는 숫자에 불과하다.

 책 쓰기 도전

불행하게도 우리는 '직업이 무엇인가'와 '얼마나 많은 돈을 버는가' 하는 것이 '우리가 진정 누구인가?' 하는 사실보다 더 중요한 것으로 간주되는 사회에 살고 있다. 일의 세계에 얽매어 빠져 나오지 못하는 사람들은 종종 비극적인 사례를 만들어 낸다. 은퇴 전·후에 스스로 누구인지 진지하게 다시 정의할 필요가 있다. 우리는 스스로 삶을 회복해야 하니까!

오랫동안 한 직업에 종사해오다가 정작 퇴직을 하고 나면 그 공허감은 이루 말할 수 없다. 은퇴와 동시에 자신이 아무것도 아닌, 허무한 존재로 느껴지기도 한다. 나 또한 한동안 그런 생각에 빠져 있기도 했다.

그러나 모든 사람은 본질적으로 창조적인 존재임을 믿고 있었기에 나 자신에게 필요한 것이 무엇인지 고민할 수 있었다. 나 자신에게 내재되어 있는 창조성을 재발견하기 위하여 고심하기 시작했다. 분명, 창조적 정신을 계발하면 은퇴의 즐거운 목적도 확실히 생길 것이기에……. 자신의 일을 사랑하고 중요하다고 느끼는 것보다 더 재미있는 일이 어디 있겠는가. 우리 모두는 창조적인 일에 대한 열망을 마음속 깊이 숨겨놓고 있지 않을까? 그 감춰진 창조의 가닥을 끌어내는 것이 관건이다.

이상적인 은퇴생활을 하고 싶다면 자신이 뭘 원하는지 알아야 한다. 사람들은 어쩌면 자신이 뭘 원하고 있는지 심각하게 고민해본 적이 없을 수도 있다. 좀 더 자신과 삶에 대한 관심을 집중한다면 은퇴생활 동안 자신이 원하는 꿈을 행복하게 실현할 수 있다.

당신에게 적합한 타이틀을 스스로 부여해보자. 나는 '자신의 인생을 성공적으로 꾸려가는 인생전문가'로 정했다. 그리고 자기선언문을 작성하여, 매일 아침 소리 내어 읽어보았다.

"나는 창조적이고 만족스러운 삶을 즐길 권리가 있다. 나는 일, 소유물, 돈에서 비롯된 정체성보다는 창조성, 관대함, 자발성, 유머감각, 마음의 평화, 새로운 경험, 행복, 정신세계에서 나의 정체성을 찾겠다."

그렇다고 일기를 쓰지는 않았다. 간혹 쓴다고 해도 세 줄 이상을 쓰는 경우가 드물었다. SNS상에서 생일이나 명절 때의 축하 인사말도 '고맙습니다' '감사합니다' '행복하세요' 등 두세 마디 말로 그치는 경우가 대부분이었다. 그런 내가 책을 쓰겠다고 관련도서를 구입하고 글쓰기 특강에 참석하기도 했다.

글쓰기에 대한 열망은 2007년부터인 것 같다. 연말이 가까

워지자 내년도에 무엇을 할 것인가를 생각하게 되었다. 글쓰기 관련《첫 문장에 반하게 하라》는 책의 첫 장을 넘겨보니 이렇게 적혀 있었다.

'나도 멋진 글을 쓸 수 있다는 희망을 가지면서!'

- 2007.11.26 정성현

그 후 10년이 지난, 은퇴 후에야 다시 그 열망이 어느 순간엔 가 나타났다. 그렇게 새로운 도전이 시작되었다. 책 쓰기에 대하여 A출판기획사 특강을 듣고 기획담당자와 면담을 했다.

"선생님의 콘텐츠가 빈약(?)해서 어려울 것 같다"는 말이 조심스럽게 돌아왔다.

'한 인간의 삶을 한 번 듣고 판단한다는 것이 가능한 것인 가?' 서운한 감정이 들었다. 책을 쓰겠다는 것에 대한 두려움이 밀려왔다. 여기서 포기할까?

60여 년의 내 삶을 자녀들에게라도 들려주어야겠다는 생각을 했다. 진솔한 내 생각과 다양한 경험들이 자녀들에게 도움이 될 것이라고 확신했다. 나와 같이 실패를 경험한 사람들이 공감하지 않을까? 책 쓰기 인터넷 카페에도 가입했다. 2018년 8월 25일부터 책 쓰기는 그렇게 시작되었다. 책의 제목과 목차도 정했다. 지금 이 순간 30페이지 넘게 썼다. 나 자신에 놀라고 있다. 훌륭한 글은 아니더라도 내 경험과 생각을 진솔하게 기술하고 싶다. 나도 어디선가 본 '내 책을 서점에서 만나는 기적'을 이루고 싶다.

꿈을 꾸고 그 꿈을 이루고자 노력하고 있다. 노력과 실천하는 과정에서 행복한 '삶의 의미'를 느낄 수 있다면 아름다운 인생 후반전의 보람 있는 삶이 아니겠는가? 나는 오늘도 꿈을 꾸고 꿈을 이루기 위한 실천을 하고 있다. 나는 지금 이 순간 행복하다.

오래 일하는 것이 최고의 전략

나는 평생 현역으로 죽을 때까지 일하기로 했다. 왜 일을 하려고 하는가? 우선 경제적인 어려움, 미래에 대한 막연한 두려움 때문이다. 40여 년간 일을 했다. 이제 여유로운 노후를 즐겨도 될 만하다. 하지만 일을 해야 한다. 퇴직할 때 퇴임식을 하지 않았다. 은퇴하지 않겠다는 뜻이었다. 은퇴하지 않고 평생 일을 하겠다고 다짐했다.

주부들 사이에 대한민국 최고의 남편감은 단연코 〈전국노래자랑〉의 MC '송해' 씨라고 한다. 이유인즉슨 아흔을 넘은 연세에도 꼬박 꼬박 돈을 벌어오고, 녹화로 일주일에 며칠은 집을 비우니 밥을 안 챙겨도 되고, 집에 들어올 때는 선물로 받은 지방의 특산물까지 가져오기 때문이란다. 물론 우스갯소리로 하는 얘기지만 늙어서까지 현업에서 일하는 것이 얼마나 어렵고 부러운지를 잘 보여 주는 일화다.

누구나 현역으로 오랫동안 남아 일하고 싶어하지만 아무에

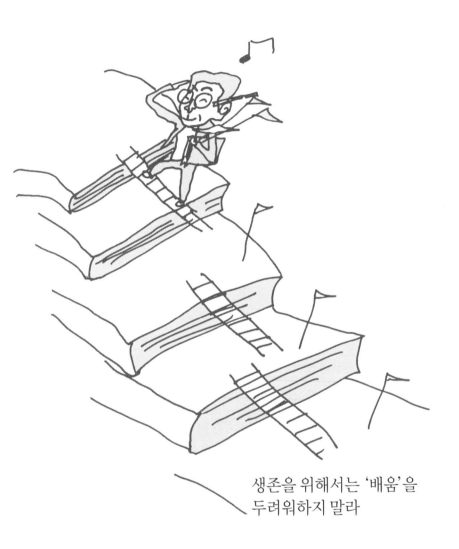

생존을 위해서는 '배움'을
두려워하지 말라

게나 그 기회가 주어지지 않는다. 현역으로 남아 있는 것이 곧 지속적인 소득을 창출할 수 있는 능력이다. 가장 훌륭한 은퇴준비는 '평생 현역'으로 남으면 된다.

지금 직장에 다니는 사람이라면 이 말이 특별할 것도 없는 이야기처럼 들릴지도 모른다. 하지만 실제 은퇴자들이 느끼는 현실은 그렇지 않다. 몇 년 전 대한민국을 강타했던 드라마 〈미생〉을 즐겨 보았다. 현실을 날카롭게 꼬집고 수많은 직장인들의 가슴을 울컥하게 만들었던 주옥 같은 대사들이 많이 등장했다.

"회사가 전쟁터라고? 밀어낼 때까지 그만두지 마라! 밖은 지옥이다."

많은 직장인들, 특히 중년의 고개를 넘은 직장인들의 가슴을 후벼팠던 대사 중 하나이다. 기대수명이 늘어난 지금과 같은 시대에서는 오래 일하는 것만큼 확실한 은퇴준비는 없다.

Y사에서 관리상무로 근무하면서 뼈저리게 공감한 것이 있다. 40여 년간 월급쟁이로 살아오다가 자수성가한 중소기업체에서 근무하게 된 것은 인생 후반전에 커다란 행운이었다. 안정된 시스템의 온실 속 화초처럼 살아온 나는 '머슴'이었다.

회사 돈을 내 돈이라는 생각이 부족해 생각 없이 쓰기도 했다. 내 돈이라면 그렇게 썼을까? 하지만 Y사의 K대표는 아무리 작은 돈이라도 소홀히 하는 법이 없다. 철두철미하게 아끼고 또 아끼는 모습을 보였다. '마른 수건도 짠다'는 말처럼 낭비하는 모습을 보이지 않았다.

하지만 필요할 때 써야 할 곳에는 과감하게 아끼지 않고 쓰는 모습을 보였다. 제주도 H리조트에서 4박5일간 직원들의 단체 워크샵을 실시하기도 했다. 나는 미국 LA건축박람회에 다녀올 수도 있었지만 가지 못했다. 이것이 대표와 나의 다른 점이었다. '주인과 머슴'의 차이점이다.

또한 K대표는 이타심利他心이 매우 강하다. 월급쟁이는 자기만 생각한다. 그는 나 혼자 잘 살려고 사업하는 게 아니라 자나 깨나 직원뿐 아니라 직원들 가족까지도 걱정하고 챙기고 있었다. 더 크게 지역사회와 국가에 공헌한다는 소명의식을 가지고 있었다. 그래서 사업을 계속 유지할 수 있었고 돈을 벌게 되는 것으로 보였다. 직장생활을 하면서 어떤 마음을 가지고 생활하느냐에 따라서 은퇴 후의 삶에 지대한 영향을 미친다. 주인의 식主人意識과 이타심을 가지고 생활할 때 당신의 삶은 풍요로워진다. 어떻게 살 것인가. 평생 '머슴'으로 살 것인가, 아니면 내 삶의 '주인'으로 주도적인 인생을 살 것인가. 선택에 따라서 삶은 180도 달라진다.

여기에 덧붙여 평생학습자가 된다면 죽는 날까지 자신의 세계를 매혹적인 것으로 만들고, 그러한 생각은 삶의 목적을 가지게 한다. 중요한 목적을 갖는다는 것이 은퇴생활의 핵심이다. 오늘날에는 은퇴자가 계속해서 배울 수 있는 기회가 과거 어느 때보다 많아졌다. 평생학습은 직장에서 은퇴했을지언정, 인생에서 은퇴한 것이 아니라는 사실을 깨달은 사람들이 추구하는 일이다.

매주 목요일 저녁에는 충북대학교 평생교육원에서 수필창작을 배우고 있다. 수강자들은 현직 대학교수, 70대 중반의 노부부, 전직 초등학교 교장선생님 등 80대 어르신부터 30대 초반에 이르기까지 다양한 연령층과 직업에 종사하고 있었다.

어느 날 80대 할머니는 자기가 쓴 글을 읽으면서 목이 메어 읽지 못했다. 대신 젊은 여성이 읽어 주었다. 건강이 안 좋은 남편의 생각에 울컥 한 것이리라. 그날 저녁 늦게까지 잠 못 이루고 뒤척이고 있었다. 모두가 한 번씩 발표를 했는데 나는 아직 발표를 못했다. 열정이 부족한 것이다. 80대 할머니의 열정만도 못하다니…….

오래 배웠는가는 폭넓게 배웠는가보다 중요하지 않다. 마찬가지로 인생의 길이는 인생의 깊이보다 중요하지 않다. 배움은 인생을 위한 것이다. 은퇴 후에도 계속 발전하기를 원한다면 당신이 상상할 수 있는 모든 것들을 배울 수 있도록 기회를 열어 주어야 한다. 내 삶의 주인으로 살아가기 위해서는 배움을 두려워하지 말아야 한다.

성공 방정식

'성공'이란 오직 과거의 성취와 업적에만 국한되는 것인가? 과거의 성취로부터 자신을 자유롭게 놓아주어야 한다. 은퇴하면 '중요인물'에서 '하찮은 인물'로 전락하는 것인가? 그동안 해왔던 역할들이 소진되었을 때, 그때의 우리는 누구인가? 은퇴가 '하찮은 존재가 되는 것'이라는 것도 받아들여서는 안 된다.

당신은 인생에서 최고의 것은 50세 이전에 일어난다는 것을 아직도 그대로 믿고 있는가? 인생 후반전 우리가 어떤 사람이 되고 있는지를 살펴볼 때 가장 중요한 것은 외적 성취가 아니다. 개인적인 삶의 다양성과 그 질적 수준이다. 그것이 성공의 잣대다.

보통사람과 성공한 사람은 어떤 차이가 있을까? 보통사람들과 위대한 사람들과의 차이는 '그리고, 조금, 더'라는 세 마디로 설명할 수 있다고 한다. 정상에 오른 사람들은 맡은 일을 훌륭히 했고 그리고 조금 더 한 사람들이다. 성공한 사람들은 철저

한 계획을 세우고 그것을 실천할 마음의 준비를 미리 한 사람들이라는 것이다.

성공한 사람들은 남들보다 10분을 더 노력한 사람이다. 남보다 조금 더 하는 작은 노력이 사람의 운명을 바꿀 수 있다. 성공한 사람들은 혼자 있는 시간을 헛되이 보내지 않고 소중히 여기며 고독을 즐긴다. 그 시간에 책을 읽거나 명상에 잠겨서 자기자신을 점검하는 시간을 갖고 있다. 혼자 있는 시간을 잘 활용하는 사람은 성공에 이르는 지름길을 알고 있는 사람들이다.

제자들이 아인슈타인Albert Einstein에게 "선생님의 그 많은 학문은 어디에서 나왔나요?"라고 물었다. 그는 손끝에 한 방울의 물을 떨어뜨리며 "나의 학문은 바다에 비하여 이 한 방울의 물에 지나지 않는다"고 말했다.

"그러면 선생님은 어떻게 학문에 성공했나요?"라고 다시 물었다.

그는 'S=X+Y+Z'라고 써주었다.

S는 성공이며 X는 말을 많이 하지 말 것, Y는 생활을 즐길 것, Z는 한가한 시간을 가지라는 뜻이다. 이것이 '성공의 비결'이라고 말했다. 말을 많이 하면 실수가 있고, 너무 한가한 시간이 없으면 고요히 생각할 시간이 없으며, 감정적인 데서 이성적인 데로 돌아갈 시간적인 여유를 갖지 못하게 된다.

나는 성공하지 못했다. 박지성이나 김연아처럼 될 수는 없다. 천부적 재능을 타고 나면 모를까, 그들처럼 되려고도 하지 않았다. 그럴 필요도 없다. 나름대로 소소한 것들을 이루면서 성취감과 행복감을 느낀다면 충분하지 않은가. 세상에 비겁하지 않으려면 결과에 집착하지 말아야 한다. 결과도 중요하지만 얼마나 용기 있게 진정성 있게 살아왔는지 반추하고, 그 과정을 추억하는 일이 더 빛나는 인생 아닐까.

나의 성공방정식은 '행복한 꿈, 건강한 열정'이다.

'$S=(H+D+P) \times H$'이다.

S는 성공Success이며 H는 행복Happy이다. D는 꿈Dream이며 P는 열정Passion이다. 그리고 H는 건강Health이다. 제일 중요한 것이 건강이다. 건강하지 못하면 모든 것이 수포로 돌아간다. 그래서 건강은 곱셈이다. 많은 사람들이 나름대로 성공방정식을 실천하고 있을 것이다. 만일 아직도 성공방정식이 없다면 한번 만들어 실천해보면 어떨까.

내가 언제 성공한 적이 있었는가? 나는 직장생활 내내 실패의 연속이었다. 처음 관문인 과장승진 시험부터 실패했다. 한 직급 승진하는 데 11년이나 걸렸다. 다른 동료직원들은 3~4년 만에 승진하는 데도 말이다. 그 후로도 퇴직할 때까지 여러 차례의 고배를 마셔야 했다. 좌절과 절망감은 이루 말할 수 없었다.

실패가 많았다 해서 한 인간의 인생도 실패인가? 그것도 하나의 삶이다. 포기하지 않는다면 새로운 도전의 발판이 되는 것이니까! 문제는 이젠 나이가 너무 많다는 이유로, 인생의 패배자처럼 지금의 삶을 포기하는 것이다.

영화 〈벤자민 버튼의 시계는 거꾸로 간다〉에 이런 대사가 나온다.

"인생에 너무 늦었거나, 혹은 너무 이른 나이는 없다."

이미 늦어버린 것은 아닐까, 생각할 때마다 나의 오감을 자극하는 말이다. 오늘도 여전히 '행복한 꿈, 건강한 열정'을 부여잡고 아주 자그마한 성공을 향해 노력해가고 있다. 성공을 이루기 위해 허둥댈 필요가 있겠는가. 천천히 천천히, 그 꿈을 향해 나아갈 뿐이다. 어쩌면 인생의 묘미는 그 꿈을 단순히 이루는 것이 아닌, 이루어가는 그 과정에 있는 것이 아닌가 생각해본다. 이러한 평범한 진리도 깨닫게 된다면 내 인생에 있어서 더 바랄 것이 있겠는가.

최고의 순간은 아직 오지 않았다

우리 세대는 스스로 예상했던 것보다 훨씬 오래 살 수 있다. 한양대 K교수는 TV 세바시 강연에서 '재수 없으면 200살까지 산다'라는 주제로 강연을 했다. 수명의 연장은 우리 개개인에게 어떤 변화를 가져다 줄 것이다. 적어도 30년 이상 기나긴 인생의 선물을 간과하고 있는 것은 아닐까? 그 30년이 우리 인생의 최종 모습을 결정짓는 데도 말이다. 이렇게 주어지는 시간의 선물로 당신은 무엇을 하려 하는가?

은퇴는 우리가 아직 경험하지 못했던 가장 어려운 질문을 하게 한다. 나는 누구이며, 어떤 사람이 되기를 원하는가? 나는 앞으로 내 삶이 어디로 가기를 원하는가? 또 나는 어떤 정신적 유산을 남기려 하는가? 우리가 가진 잠재력을 한 번도 써보지 못하고 허망하게 소진하지 않으려면 새로운 삶의 의미를 찾아야 한다. 새로운 기회의 시기이다.

새로운 기회는 어떤 것들이 있을까. 가족들과 많은 시간을 보내는 것, 늘어난 자유, 더 많은 낯선 곳으로의 여행, 여가활동과 새로운 배움, 지역사회에 봉사하는 것, 영적 성장 등 다양할 것이다. 다른 사람들이 고정관념에 사로잡혀 쇠락해갈 시기에 60대, 70대를 넘어서도 얼마든지 자신의 삶을 창조적으로 재설계해서 새롭고 성숙한 성장을 보여줄 수 있다.

그동안 고민했던 계획을 열거하라면 다음과 같다.

첫째, 단지 시간이 없다는 이유로 그 동안 미뤄두었던 나양한 분야의 책들을 탐독할 것이다. 현재 관심분야는 역사와 인물탐구이다. 글쓰기를 하면서 제일 중요한 것이 폭넓은 독서라는 것을 깨닫게 되었다. 인문고전으로부터 시작하여 다방면으로 넓고 깊게 독서에 몰입하겠다.

둘째, 건강에 대한 투자는 최우선이다. 청주 무심천 하상도로에서 조깅과 마라톤, 하이킹을 통한 야외활동을 하겠다. 나에게 무심천은 건강한 육체와 정신을 가꿀 수 있는 최적의 장소. 또한 집에서도 좋은 건강관리 방법은 아침 새벽에 108배를 하는 것이다. 종교를 떠나서 정신건강에도 매우 효과적인 운동이다.

셋째, 역사와 문화에 대해 좀 더 많은 것을 알아가는 국내외 역사문화탐방 여행에 적극 참여할 것이다. 여행과 더불어 사진찍기도 병행하겠다. 사진과 함께 여행기를 써보는 것도 흥미로울 것이다. 여행에는 재미와 배움 그리고 새로운 도전이 기다리고 있다.

넷째, 그 동안 보고 느끼고 경험했던 일들을 진솔한 글로 남길 것이다. 현재 관심 분야는 은퇴와 관련된 책 쓰기이다. 그 다음에는 세종과 이순신, 현대 정주영 회장에 대한 책을 쓸 계획이다. 또한 유한양행 유일한 회장, LG 구본무 회장, 오뚜기식품 함태호 회장 관련 연구논문을 써볼까 한다.

다섯째, 봉사활동을 통한 지역사회에 대한 기여이다. 특히 시니어에 대한 봉사 및 교육활동과 심리상담을 하겠다. 색소폰 연주 봉사활동도 보람 있다.

여섯째, 어떤 간섭도 받지 않는 자유로움을 만끽할 것이다. 조직생활에 얽매이느라 자신에 대한 배려는 전혀 엄두를 내지 못했다. 스스로 감춰두었던 자신에게 새로운 생명을 불어넣을 절호의 기회이다. 내게 주어진 자유를 최대한 누릴 것이다.

일곱째, 환경관련 시민단체, 색소폰 동호회, 정치단체의 회원으로 활동하겠다. 이곳에서는 젊은 사람들과 교류할 수 있다. 사회적 공동선을 추구하는 젊은 사람들과 노인회원은 든든한 비빌 언덕이며 젊음의 비결이다.

우리의 목표는 점점 젊어지고 가능한 한 오래 살다가 젊게 죽어야 한다. 자신의 용기를 믿어보자. 자신의 잠재력을 믿어보자. 그러면 우리는 자신이 되고 싶어하는 사람이 될 수 있다. 다만 지나친 용기로 일을 그르치지 않도록 충분한 이성도 함께 가져라. 그리고 일단 시작하자!

은퇴 후 새로운 일에 흠뻑 빠져 시간가는 줄 모르게 전 직장에서 느낄 수 없었던 소중한 경험을 할 수 있었다. 13개월 동안의 생활을 다섯 권의 노트에 기록으로 남겼다. 기회가 된다면 중소기업 경영관련 책을 쓸 계획이다.

40여 년 사무직으로 근무하다가 육체노동을 하는 일들을 옆에서 지켜보았다. 깊이 사색하고 공부하는 시간도 가졌다. 그들과 조금이나마 공감하기 위해 굴삭기(06W)운전기능사와 방수기능사 자격증도 취득했다.

기업체가 생존하기 위해서는 어떤 노력이 필요한 지를 배울수 있는 소중한 기회였다. 회사대표의 고독한 결단, 사업물량 확보, 의사결정, 직원관리, 자금관리, 유관기관 및 동종업계와의 관계유지 등 무엇 하나 쉬운 일이 없었다. 죽을 각오로 일해야 겨우 현상유지를 할 수 있었다. 특히 내가 뼈저리게 느낀 부분은 주인의식이다.

직장생활 동안 주인으로 생활한 적이 과연 있었는가 하는 점이다. 직장인들의 대부분은 주인의식이 결여되어 있다. 나 역시 40여 년을 머슴으로만 살았다. 인생 후반전을 살아가는 데 삶에 대한 깊은 통찰을 할 수 있는 계기가 되었다.

너무나 많은 사람들이 인생 후반기의 가능성에 대해 애써 눈을 감고 있다. 은퇴 이후에도 자신의 삶을 재구성할 연출력이 우리에겐 충분히 있는데도 말이다. 최고의 순간은 아직 오지 않았다.

제2장 · 경제

노후자금 준비의 함정에
빠지지 마라

나는 가끔 후회한다
그때 그 일이
노다지였을지도 모르는데
그때 그 사람이
그때 그 물건이
노다지였을지도 모르는데

　　- 정현종 〈모든 순간이 꽃봉오리인 것을〉 중

퇴직금은 나의 생명줄,
자식에게 물려주지 마라!

퇴직금은 절대로 자식에게 주지마라!

"사자의 코털과 아버지 퇴직금은 건드리지 마라!"

모 금융회사의 광고문구이다. S방송국에 다니던 아들이 갑자기 회사를 그만두었다. 어디서 무슨 얘기를 들었는지 사업을 하겠다는 것이다. 커피 프랜차이즈 가맹점사업이 한창 붐을 이루던 때였다. 그것도 청주가 아닌 서울 서대문 대로변에 위치한 대형커피 전문점이었다.

"돈은 어떻게 마련할 건데?"

"아버님께서 도와주시면 안 될까요?"

처음에는 완강히 거절했다. 그렇게 며칠이 지난 후 아내는 사업장소나 한번 가보자고 했다. 18층 대형건물 1층에 있는 대형커피전문점이었다. 매월 수입이 5~6백만 원은 된다는 것이다.

나도 마음이 흔들렸다. 욕심 때문이다. 아들은 방송국에 다니면서 충분히 검토했다고는 하지만 업계의 전체적인 흐름을 파악하는 데 미흡했다.

　서울 시내 10여 군데 이상을 다니면서 상권 분석을 했다고 한다. 하지만 미래에 대한 예측이 잘못되었다. 이미 커피전문점은 포화상태이고 내리막길로 들어서고 있었다. 또한 테이크아웃 Take Out 커피집이 급속도로 늘어나기 시작했다. 아들 사업장 주변에도 5~6개가 새로 생겼다.

　점점 매출이 줄어들기 시작했다. 거기다 건물 내에 근무하던 직원들도 생명보험회사의 이전으로 반으로 줄어들었다. 결국 매월 임대료도 못 내는 상황이 되었다. 보증금에서 연체이자를 물어가면서 임대료를 부담하기에 이르렀다. 점원도 줄이고 혼자 운영하는 상황이 되자 아내가 도와주고 심지어는 취업준비 중이던 딸마저 지원했지만 이미 회복불능의 상태까지 이르게 되었다.

　"아빠! 잔금 3천만 원 받았어요. 죄송해요."

　울먹이는 목소리로 아들이 전화를 했다. 가게를 처분하고 받은 돈이다. 사업을 한다고 해서 퇴직금을 지원해 주었더니 3년도 되지 않아 원금을 거의 다 까먹고 받은 돈이다.

　"그래 수고했다. 돈이야 다시 벌면 되지. 걱정하지 마라."

　전화를 끊고 나서 눈앞이 캄캄했다.

　"돈이 아들보다 중요한가? 아들 잘못된 것보다 그래도 아들

건강하니 다행이라고 생각하자"며 아내를 위로했다.

건드리지 말 것이 3가지 있다는데 '벌집, 사자의 코털, 부모의 퇴직금'이라고 한다. 그만큼 부모의 퇴직금은 소중하다. 하지만 이미 돌이킬 수 없는데 어찌하랴! 앞으로 아들이 이번 경험을 바탕으로 잘못된 길로 들어서지 않기를 바랄 뿐이다.

아들이 잘못될까봐 많은 걱정을 했지만 다행히도 우여곡절 끝에 마음을 잡은 아들은 결혼도 하고 이제는 바리스타 교육 및 창업컨설팅과 커피전문점 운영으로 자리를 잡아가고 있다. 그동안 겪은 경험이 큰 도움이 된 것 같고 한층 더 성숙된 모습을 보이고 있어 정말 다행이다.

내 주변에서도 아들에게 퇴직금을 사업자금으로 지원해주고 사업이 잘 되지 않아 아버지가 뇌졸중으로 쓰러진 경우도 있다.

"K 전 지점장이 뇌졸중으로 쓰러졌다는데?"

"왜? 커피숍 장사가 안 된다고 그러더니 그 영향 때문인가 보군."

"평소 건강도 안 좋았지만 아들사업이 잘 안 돼서 그런가 봐."

"어느 병원에 입원했는데?"

"○○재활병원인데 상태가 많이 안 좋은 것 같다고 하더라고."

"우리집 앞인데 지나는 길에 가봐야겠네."

남의 일 같지 않았다. 주위의 몇몇 선후배들이 이와 같은 고통을 겪고 있다는 것이 안타깝다. K씨도 아들의 사업이 잘 될 것 같아서 사업자금으로 퇴직금과 집까지 담보로 대출을 받아 자금지원을 해줬다. 처음에는 S대학교 정문 옆이어서 장사가 잘 되는 것 같았다. 하지만 일 년도 지나지 않아서 장사가 안 되어 부모도 같이 일을 도왔지만 결국 파리만 날리는 꼴이 되고 말았다. 결국 아버지는 쓰러졌다.

부모는 자식의 어려움을 그냥 지나칠 수가 없다. 자신의 장래가 불투명하다는 것을 알면서도 말이다. 그렇다면 이런 불행을 사전에 예방하는 길은 없을까? 가장 확실한 방법은 퇴직금을 연금화하는 방법이다. 퇴직금을 연금으로 받으면 자식들이 손을 벌리지 못한다.

자식들도 부모에게 의존하지 않도록 어려서부터 경제교육을 할 필요가 있다. 어려서부터 자립심을 키워준다면 커서도 부모에게 손을 벌리지 않을 것이다. 세 살 버릇이 여든까지 간다는 말이 결코 틀린 말이 아니라는 점을 명심해야 한다.

자식들은 우리가 생각하는 것보다 부모에게 영악하다. 무심한 척, 아무것도 모르는 척해도 때가 되면 부모로부터 물려받을 수 있는 재산에 대해 열심히 주판알을 튕긴다. 그에 따라 부모를 대하는 태도가 자신도 모르게 다양하게 변한다. 내가 그랬다. 공양미 삼백 석이면 부처의 마음도 움직이고 봉사의 눈도 뜨게 한다. '돈이면 염라대왕 문서도 고친다'는 말도 있다. 돈 가는 데 마음 가는 게 필부필부匹夫匹婦의 속성이다. 내 자식이 예외이길 바라지만 그건 바람일 뿐이다. 돈이 사람을 속이지 사람이 돈을 속일 수 있겠는가.

카톡이나 인터넷에 떠도는 말에 의하면 '부모가 언제쯤 죽으

면 가장 적절할 것 같은가?' 하는 S 대학교 대상 설문조사에서는
'63세'라고 답한 학생이 가장 많았다고 한다. 그 이유로는 은퇴
한 후 퇴직금과 재산을 남겨두고 죽는 게 가장 이상적이기 때문
이란다.

　'한국에서는 돈이 효자다'라는 유머도 있다. 오늘날 효자란
'대학졸업 후 부모에게 손 벌리지 않는 자식'이라는 말도 있다.
유머나 떠도는 말이지만 요즘 젊은 사람들의 세태를 반영하는
것 같아 씁쓸하다. 그래서 다 쓰고 떠나라!

인생후반, 돈 관리의 핵심은 지출관리

인생 후반부의 삶은 재정적으로 안정성이 확보되어야 한다. 그래서 지출관리에 대한 깊은 관심과 세심한 주의가 필요하다. 불필요한 지출을 최대한 줄이는 것이 제일 중요하다.

가계부채를 '0'원으로 만들어라!

안정된 현금 흐름의 핵심은 빚을 지지 않는 것이다. 주택규모를 줄여 대출금을 전액 상환하거나 현금으로만 구입하는 등 빚 자체를 만들지 않으면 가장 바람직한 지출구조가 만들어진다. 최고의 자산관리 비법은 빚을 만들지 않는 것이고 빚이 있다면 돈이 생길 때마다 빚을 갚아야 한다. 이는 그 어떤 세금 혜택보다도 낫다.

무조건 빚을 갚을 것!

이것이야말로 인생 후반 지출관리의 핵심이다.

나는 신용카드를 사용하지 않는다. 다만 편의를 위해서 체크카드는 사용하고 있다. 카드사에는 미안한 말이지만 신용카드는 가정경제의 가장 큰 적이다. 미래에 존재하는 가상의 현금으로 현재의 욕망을 충족시키는 신용카드야말로 가장 무서운 암이고 괴물이다. 현대인들은 신용카드에 중독되었음을 스스로 깨닫지 못하고 있다.

카드와 이별하자. 처음에는 힘들다. 카드를 안 쓰면 손해 보는 기분이 생길 수 있다. 다양한 할인혜택 안내문을 보면 마음이 흔들리기도 한다. 포인트를 안 쌓으면 돈을 낭비한 느낌이 들기도 한다. 그러나 과감히 포기하고 현금으로 지불하자. 현금이 정 불편하면 체크카드를 쓰자. 카드를 쓰지 않으면 소비가 깜짝 놀랄 만큼 줄어든다.

경험자들 의견을 종합해보면 대략 70% 수준으로 줄어들지만 불편함을 못 느낀다고 한다. 무엇보다도 월말에 날아오는 카드대금의 명세서를 보지 않으면 삶의 평화를 얻을 수 있다. 인생 후반부의 안정적 현금흐름을 만들기 위해서는 신용카드와 완전히 결별해야 한다.

은행원 : "어서 오세요! 손님 무엇을 도와드릴까요?"

고 객 : "네, 마이너스 통장 하나 만들어 주세요."

은행원 : "아, 네, 고객님! 여기 대출신청서를 작성해 주세요."

고 객 : "대출 말고 그냥 마이너스 통장 만들어 달라니까요?"

은행원 : ?(대출이 금리가 더 싼데……)

많은 사람들이 마이너스 통장을 사용하고 있다. 신용카드처럼 손쉽게 이용할 수 있다는 장점 때문이다. 애초에 대출할 생각이 없었던 신용 좋은 고객들에게 은행이 권장하는 경우도 있다. "마이너스 통장을 개설해 놓으면 후에 생길지 모를 급한 경우를 대비하기 위해서"라고 말이다. 내 경우도 신혼 때 나만의 비자금이 필요했다. 처음 5백만 원의 마이너스 통장을 개설했다. 초반에는 꽤 오랫동안 플러스 상태로 유지된다.

그러나 신기하게도 갑자기 돈 쓸 일이 생기거나 뜻밖의 여유를 즐기기 위해 해외로 휴가라도 다녀오면 마이너스 통장을 잘 만들어 놓았다고 생각하기도 한다. 그러나 통장 잔액을 채워 놓아야 하는데 항상 쓴 만큼 채워 넣기가 안 된다. 결국은 그것이 점점 늘어나 퇴직할 때쯤에는 5백만 원이 20백만 원까지 늘어났다. 그 안에 갚을 수도 있었지만 한번 습관들인 것을 쉽게 포기한다는 것이 쉬운 일이 아니다. 많은 사람들이 마이너스 통장의 굴레에서 벗어나지 못한다. 나 역시도 마찬가지였다.

옛날엔 월급이 들어오면 적금도 들고 했는데 저축은 언제 했는지 가물가물하다. 일을 죽어라 해도 돈은 안 쌓이고, 저축은 커녕 대출이자만 내고 있으니 재테크 재미도 없어지고 일할 맛도 안 나게 된다. 이것이 마이너스 통장의 굴레이다. 그들의 하나같은 공통점은 마이너스 통장을 만든 초기에는 여유가 생겼지만 결국에는 마이너스 최고한도까지 꽉꽉 채워 쓰게 된다는 점이다. 그 후 자연히 저축은 힘들어지고 마이너스 통장을 없앤

후에야 돈이 모인다는 것을 뒤늦게 실감하게 된다.

세금을 내고 싶어 내는 사람은 없다. 공연히 꾸물대다가 높은 과태료를 물어야 하므로 매우 조심해야 한다. 부자들일수록 탈세 사례가 많다는 것은 절세기법을 잘 활용한다는 점이다. 세금에 대한 지식과 적절한 대처법을 안다는 것은 매우 중요하다. 인생 후반부의 삶에 영향을 미치는 꼭 알아두어야 할 세금은 소득세, 재산세, 상속증여세, 취득세와 등록세 및 양도세 등이다. 소박한 생활로 세금과 비용을 줄이면 마음도 더욱 가벼워진다. 욕심을 버리고 마음을 비우는 것이 행복한 노후를 보장한다.

신용카드를 쓰지 않으면 전체적인 지출이 30% 이상 줄어들게 됨을 명심하자. 자가용을 줄이고 대중교통을 적극적으로 이용하면 교통비는 대폭 절감될 수 있다. 휴대폰은 튼튼하고 저렴한 일반 휴대폰으로 걸고 받기만 한다면 통신비 지출이 대폭 줄어든다. 빚을 지지 않으면 비소비성 지출은 줄어든다. 다만 의식주에 따른 비용과 보건, 문화, 교육, 서비스 항목의 지출은 삶의 질과 관련된 것이므로 지나치게 절감하려 애쓰지 않아도 된다.

'카페라테 효과'라는 것이 있다. 장수는 선물과 걱정이라는 양면성을 우리에게 제공하고 있다. 장수를 선물로 만들어 내기 위해서는 작은 노력이 필요하다. 그런데 요즘 사람들은 커피 한 잔에는 후하지만 후반인생의 안전을 위한 투자에는 인색하다. 그러면서 노후 스트레스를 호소한다. 이율배반이 아닐 수 없다.

노후 스트레스를 훌훌 털어버리는 방법은 의외로 간단하다.

하루 4,000원짜리 커피 한 잔 값을 매일매일 모으면 30년 후 2억 원을 만들 수 있다는 '카페라테 효과'를 명심하고 실천하면 된다. 이를 꼬박꼬박 연금에 부으면 금상첨화다. 푼돈이라고 얕봐선 안 된다. 이 푼돈이 후반 인생의 경제적 안전망 역할을 할 수 있기 때문이다. 시작은 미약하나 그 끝은 창대하리라는 말처럼 지금의 작은 노력이 인생 후반전의 풍요를 결정할 수 있다는 사실을 명심해야 한다.

유산을 남기겠다는 생각을 포기하면 훨씬 풍요로운 삶을 누릴 수 있다. 우리는 영원히 살 것처럼 재산을 모으기보다는 가치 있는 일에 활용하는 데 관심을 기울여야 한다. 재산을 모으고 유지하는 것은 인생이라는 무대에서 퇴장하는 사람에게 오히려 해가 될 뿐이다. 왜냐하면 삶의 질보다 죽음의 질을 먼저 생각하기 때문이다. 즉, 자기 자신을 위한 일에 돈을 쓰지 못하고 자녀들을 위해 아껴둘 수밖에 없게 된다.

노후의 행복한 삶을 위하여 가치 있고 의미 있는 일에 아낀 돈과 모은 돈을 소비하자. 가치 있는 일에 돈을 쓴다면 보람 있는 일이 아니겠는가. 인간의 소유와 욕망은 끝이 없다. 소유로 얻을 수 있는 만족보다 비움으로써 얻어지는 행복감이 더 크다는 사실을 깨달아야 한다. 어렵게 모은 자산을 올바르게 쓰는 것이 참된 가치이다. 꿈과 목표를 하나씩 이루는 의미 있는 소비로 다 쓰고 죽는다면 진짜 행복이다.

은퇴 후 자금, 최소 10억 원이 필요한가

'은퇴 후 노후자금이 얼마나 필요할까?' 금융기관에서는 노후자금으로 최소 10억 원이 필요하다고 보고 있다. 10억 원이라는 돈은 은행에 5% 복리이자 적금으로 계산해도 매월 240만 원씩 20년간 저축해야 겨우 만들 수 있는 금액이다. 평범한 직장인으로서는 상상도 못하는 금액이다. 보통사람에게는 현금 10억 원이라는 돈은 꿈에서나 만져볼 수 있는 금액이다.

예를 들어 현재 35세인 사람이 은퇴 후 생활비가 현재가치로 월 150만 원, 연간 1,800만 원이 필요하다고 가정하자. 물가상승률 4%라고 가정하고 은퇴하는 60세 시점으로 환산하면 4,799만 원이 필요하다.

각 연령별 환산 연 생활비를 60세 기준으로 계산한 뒤 그 금액을 모두 합하면 9,333만 원(약 10억 원)이 나온다. 그렇게 준비된 돈을 해당 연도에 생활비로 쓰고 남은 금액을 6% 수익률로 투자하는 과정을 반복하다 보면 86세가 되면 전액 소진되고

'0'원이 된다.

그 다음은 어떻게 해야 되나? 정밀한 계산식이지만 글쎄? 2014년 통계청이 발표한 우리나라 사람들의 퇴직연령은 52.6세이고 52세 성인 남녀의 기대여명 평균값은 33.2년이다. 퇴직한 후 30년 이상의 삶을 살아야 하는데 생활자금은 얼마나 필요한가. 서울 거주 2인 가구 월평균 생활비 230만 원으로 계산하면 8억 8,870만 원! 이래서 보험회사들은 '은퇴를 위해 10억이 필요합니다!'라고 외치고 다니는 것일까?

은퇴가 코앞에 닥친 사람들은 이런 숫자들을 보면 일단은 당황하고 앞으로 10억 원을 도저히 모을 수 없음을 알고 기막혀하거나 무시하게 된다. 일할 수 있는 기간이 10년이 남았다고 하더라도 자녀교육 및 결혼자금 등 써야 할 곳이 있는데 무슨 재간으로 10억 원을 모을 수 있단 말인가. 1억 원도 쉽지 않을 것인데, 어쩌면 1천만 원 모으기도 어려울 수 있다. 빚 없이 사는 것도 힘든데 '10억 원 만들기'라니. 빚이나 지지 않으면 다행이다.

화엄경에 '일체유심조一切唯心造'라는 말이 있다. 모든 것은 마음에서 비롯된다고 하지 않던가. 부정적으로 보면 세상이 한없이 힘들게 보이고 긍정의 눈으로 보면 곳곳에 희망이 보인다. 기회가 있을 때마다 난관을 보지 말고 난관에 부딪힐 때마다 기회를 보라. 선택은 나에게 달려 있다. 우리에게 부여된 잠재력을 감사의 마음으로 받아들이고 그것을 최대한 활용해야 한다.

나에게 40여 년간의 직장에서의 삶은 실패의 연속이었다. 11년 동안이나 과장 승진시험에서 낙방하여 공부한다는 핑계로 가정에 소홀했다. 특히 어린 자녀들과의 추억을 만들지 못한 것을 두고두고 후회하게 되었다. 지나친 음주로 인하여 겪은 고통은 이루 다 말로 형언하기 어려울 정도이다. 이 모든 것이 마음 한번 잘못 먹은 탓이다. 아내는 그동안 겪은 일들이 책 2권을 써도 남을 정도라고 종종 말하곤 한다.

이제 남은 후반부 인생 2막은 전반부와는 달라야 하지 않겠는가? 비록 돈은 조금 부족하더라도 그동안의 경험을 바탕으로 그 어떤 어려움도 이겨낼 자신감이 생겼다. 어떤 순간이 와도 포기하지 않겠다고 다짐한다. 포기하지 않는다면 후반부 인생 2막을 충분히 성공적으로 마무리 할 수 있다. 지금 이 순간에 최선을 다하여 즐거운 마음으로 생활하면 된다. 나의 후반부 삶을 풍요롭게 만들 수 있다는 믿음과 의지가 있다면 삶의 의미를 느끼고 행복할 수 있다.

금융전문가들이 10억 원을 진짜 강조하는 속셈은 짐작할 수 있다. 우리들을 초조하게 만들어 금융상품에 가입을 유도하기 위한 것이다. 또한 젊은 나이라면 지금부터 은퇴 후 자금을 준비하기 위한 저축이나 투자를 즉시 실행에 옮기라는 것에 불과하다.

금융회사들의 목적은, 투자는 우리에게 맡기고 열심히 신용카드 쓰고 대출도 받아쓰고 돈을 벌어 갚으라는 것이다. 결국 사람들은 그런 금융마케팅에 현혹되어 끝없이 소비하고 무리하게 투자하며 위험을 선택하고 만다. 그래서 그 결말은 비참하다.

한국은행이 발표한 '2018년 2분기 중 가계신용(잠정)'에 따르면 2018년 6월말 현재 가계신용 잔액은 1천493조 2천억 원으로 늘어났다고 한다. 금융기관이나 전문가들은 그런 현실에 책임감을 느끼고 있을까? 글쎄, 결국 개인이 그 책임을 떠안아야 함은 분명하다. 잘못된 상식을 이용한 금융마케팅에 대한 맹신은 개인들을 빚더미에 허덕이게 만든다.

그렇다면 은퇴 후에 정말 필요한 것은 무엇일까? 살기에 불편하지 않은 내 집이 한 채 있고 건강한 몸으로 일할 수 있고, 그리고 사랑하는 부부가 같이 함께한다면 더 이상 부러울 게 없지 않은가. 물론 젊은 시절 모아둔 돈으로 여유로운 삶을 살 수도 있고 60~70대에도 얼마든지 새로운 도전에서 성취감을 맛볼 수도 있다.

새롭게 만드는 인생에 있어서 가치 있는 날들을 살아가기 위해서 10억 원이란 돈이 정말 필요한 것은 아니다. 노후자금 10억 원이란 함정에 빠지지 말아야 한다. 작은 소유라도 더 큰 행복을 만들 수 있다. 그리고 충분히 해낼 수 있다. 포기만 하지 않는다면……

평생 벌고 다 쓰고 떠나라

노후준비에 대해 초조해하는 중년 세대들은 원하는 은퇴자금을 마련하기 위해 다양한 투자수단에 관심을 갖게 마련이다. 그러나 재테크에 성공한 사람을 찾기란 쉽지 않다. 대부분 발을 잘못 헛디뎌 함정에 빠지기 쉽다. 무리한 투자로 한 순간에 다 날리기도 한다. 돈을 목표로 하지 마라.

전문가를 자처하는 사람들이 무방비 상태의 사람들을 현혹시킨다. 정신을 똑바로 차리지 않으면 입고 있는 옷까지도 벗겨가는 세상이다. 쉽게 돈 버는 길이란 애당초 존재하지 않는다는 것을 명심하고 욕심을 부리지 말아야 한다. 돈의 본질을 직시하고 돈 관리의 철학을 새롭게 세워야 한다.

돈은 수단에 불과할 뿐 목적이 되어서는 안 된다. 체면이나 유혹에 굴복된 무의식적인 소비, 미래의 소비를 앞당기는 신용카드, 부채에 무감각해지는 금융 마케팅 앞에 삶의 원칙을 잃어서는 안 된다. 돈으로부터의 자유를 찾고 돈 앞에 당당해지자. 돈이 삶을 수단화하고 스스로가 목적이 되는 모순을 알아야 한다. 돈은 삶의 목표를 이루는 데 필요한 수단이다. 돈은 목표 자체가 아니다. 목표와 삶의 가치를 위해 쓰일 때만이 의미가 있다.

은퇴 후에는 연금이나 임대료 같은 불로소득에만 의존하려 할 때 상황이 꼬인다. 나 자신을 팔아라. 은퇴하지 말고 평생 일하라. 아직 한참을 쓸 수 있고 죽기 직전까지 일할 수 있는 잠재력을 가진 사람이 나 자신이다. 지출만 어느 정도 통제할 수 있다면 적은 수입으로도 크게 불편하지 않은 삶을 살아갈 수 있다.

후반기의 삶은 현명하고 상식적인 돈 관리를 통해 재정적인 안정과 함께 마음의 평화를 유지해야 한다. 돈을 모으지만 말고 삶을 가치 있게 하는 수단으로서 돈관리 원칙을 세우자.

첫째, 돈의 세계에서는 아무도 믿지 않아야 한다.

둘째, 수익을 통제할 수 없다.

셋째, 버는 것보다 쓰는 것과 지키는 것에 집중해야 한다.

넷째, 자신에 대한 투자가 최고의 투자이다.

아버님께서는 생전에 "빚은 잠도 안 잔다" "남의 돈 무서운 줄을 알아라"라는 말을 종종하시곤 했다. 그 말씀을 대수롭지 않게 생각을 했다. 하지만 빚을 대수롭지 않게 생각했다간 평생 남의 빚 갚다가 세월 다 보내고 만다. 노후를 대비하기 위해서 은퇴자금을 준비하려면 우선 빚부터 줄여야 한다.

우리나라 사람들의 자산은 대부분 부동산이 주를 이루고 있다. 부동산 가격이 하락했을 경우에는 치명적인 위험이 될 수 있다. 많은 사람들은 아파트를 담보로 한 주택자금 대출을 통해 아파트를 구입한다. 하지만 아파트값 상승률에 비추어 장밋빛 미래만을 생각한 채 월급의 대부분이 이자로 나가는 힘겨운 생활을 지속하게 된다.

대출을 받을 때에는 집이 생긴다는 사실만으로 기분이 좋다. 이자를 갚아야 하는 빠듯한 생활 정도는 얼마든지 괜찮다고 생각한다. 하지만 집값이 내리거나 금리가 내 맘처럼 움직여 주지 않는다면 지치게 된다. 무리하게 대출을 받아 집을 마련했다가 매월 갚아야 할 이자를 갚지 못해 힘들어하는 '하우스푸어' 사례는 주위에 너무도 많다. 나도 평생을 그렇게 생활해 왔으니까. 빚은 무조건 갚아라!

'구르는 돌에는 이끼가 끼지 않는다'는 서양속담이 있다. '노력하는 사람은 뒤처지지 않고 계속 발전한다'는 긍정적인 뜻도 있지만 '사는 곳과 직장 등을 자주 옮기는 사람은 재산을 모으기 힘들다'는 뜻도 있다고 한다.

"이사 가야겠어."

아내가 어디서 좋은 집을 보고 온 모양이다.

"또 이사 가야 하나?"

다리가 불편한 아내가 어렵게 말을 꺼냈다. 아내는 교통사고 후유증과 고관절 무혈성괴사증으로 원룸 3층까지 계단을 오르내리기가 힘들다.

"그럼 아파트로 이사 가서 편하게 지내야겠네."

"이번에 이사 가면 몇 번째 가는 거지?"

"글쎄, 15번째인가?"

1981년 3월초 한 칸 반(약8평) 월세방에서 신혼생활을 시작한 후 그해 12월경에 13평 아파트를 담보로 대출받아 이사를 했다. 13평 아파트가 궁궐 같다며 아내는 좋아했다. 이렇게 시작된 주택담보대출로 주택 또는 더 큰 아파트로 2010년도에 원룸까지 14번이나 이사했다. 내가 37년 동안 14번 이사를 다닌 반면에 한 번도 이사 안 하고 40년 전 입주한 아파트에서 계속 살고 있는 친구도 있다.

이사를 자주 하다 보면 더 큰 집으로 이사를 가야 하기 때문에 주택대출 잔액은 점점 늘어나게 된다. 집값이 올라 대출금을 갚을 수 있는 경우도 있지만 대부분의 경우 대출금은 줄어들지 않고 늘어나게 된다. 집값이 올라 어느 정도 재산이 늘어났는지는 몰라도 그동안 은행에 이자 갚느라고 은행 좋은 일만 하고 돈을 모을 수가 없게 된다.

무리하게 대출을 받아 집을 사겠다는 것은 신중하게 생각해야 한다. 무리하게 대출받아 집을 사서 재테크를 하겠다는 방법은 이제는 지양해야 한다. 종잣돈을 모아 대출을 받지 않고 현명한 투자를 해서 돈을 모아야 한다. 한 번에 한 계단씩 올라가야지 두세 계단씩 올라가려는 욕심을 버려라.

장례비로 쓸 수 있을 만큼의 금액을 종신보험만 들어두었다면 가진 재산을 다 쓰고 떠나는 것이 멋있고 즐거운 삶이다. 상속이란 제도가 많은 사람들의 재정상태에 끼치는 영향이 대단히 크다. 그래서 부모의 유산이 가장 큰 관심사이다. 부모의 상속플랜이 자녀들의 충성도를 좌우하기도 한다.

상속은 개인과 사회에 대한 상당히 해로운 개념이다. 상속재산은 일하고 싶은 욕구를 감소시킨다. 가족간 불행의 씨앗이 되기도 한다. 돈에 얽매인 가족관계가 형성될 소지가 크다. 노후에 관심을 보이는 자녀의 저의底意가 혹시 유산 때문이 아닐까 의심하게 된다. 씁쓸한 상상일 수도 있지만 자식이 부모의 죽음을 기다리는 경우도 생길 수 있다.

생전에 자녀들에게 유언을 남기고 죽을 때까지 하고 싶은 것 다하자. 후회 없이 살다가 남은 돈은 사회에 기부하고 다 쓰고 떠나리라! 큰 성공은 못했지만 열심히 살아온 나에게 주는 마지막 선물이다.

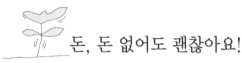 돈, 돈 없어도 괜찮아요!

《탈무드》에 다음과 같은 '포도밭 이야기'가 있다. 굶주린 여우 한 마리가 울타리가 쳐진 포도밭을 지나고 있었다. 울타리 너머에는 탐스럽게 생긴 익은 포도가 여우의 입맛을 돌게 했다. 하지만 여우는 좁은 울타리 사이로 들어갈 수 없었다. 여우는 꾀를 내어 3일 동안 밥을 굶어 살을 뺀 뒤 홀쭉해진 몸으로 울타리를 지나 포도밭으로 들어갔다. 포도밭에 들어간 여우는 마음껏 포도를 먹었다. 그러나 여우는 울타리를 빠져 나오기 위해 다시 3일을 굶어야 했다. 포도밭을 나온 여우는 크게 탄식하며 말했다.

"이래서야 포도를 먹은 의미가 뭐란 말이냐? 포도는 잘 익어 맛있었지만, 내가 얻은 건 아무것도 없어. 들어가기 전이랑 후랑 달라진 게 없잖아."

세상 또한 그렇다. 세상의 모든 것을 다 가질 것처럼 손을 꽉 쥐고 태어나지만 세상을 떠날 때는 손을 활짝 편 채 죽는다. 사람이 세상을 떠날 때 가져갈 수 있는 건 돈이나 권력이 아니라 '토라'와 선행이다.

노후에 정말 중요한 것은 돈이나 권력이 아니다. N은행을 퇴직한 지 7년이 지난 요즘도 나는 어떻게 해야 돈을 벌 수 있을까? 라는 생각만 머릿속에 가득 차 있다. 나만 그런 것이 아니라 매월 만나는 친구들도 마찬가지다. 하지만 60대 중반의 나이에 돈을 벌 수 있는 일을 쉽게 찾을 수 있을까? 인생 100세 시대, 앞으로 30년 넘게 살아야 하는데 과연 무엇을 해야 하나?

베이비붐(1955~1963년생) 세대인 나는 40여 년간의 직장생활 동안 노후준비에 대한 설계가 미흡했다. 아니 준비 자체를 대수롭지 않게 생각했다. 지금 생각해보니 안정된 직장생활에 만족해하며 막연히 어떻게 되겠지 하고 생활해왔다. 돈이 전부인 것처럼 생각했던 게 잘못이다.

N은행 지점장 출신 C씨는 인근의 밭에 컨테이너를 설치하여 여유로운 생활을 즐기고 있다. 밭에 잡곡, 야채 등을 심고 키우면서 틈틈이 아코디언 연주를 하며 여유로운 노후를 보내고 있다.

"C지점장이 제일 멋진 인생을 사는 거야"라고 나는 말하곤 했다. 돈을 벌겠다고 아무리 노력해야 한계가 있고 힘만 들 것이다. 나도 악기 하나 익혀야겠다. 그래서 시작한 취미가 색소폰 연주다.

자신의 취향대로 무엇을 정하든 자유다. 나는 앞으로 내 소중한 시간을 삶의 의미를 찾아서 보람 있게 보내고 싶다. 우선 건강할 때 국내 일주 배낭여행을 통한 긴 휴가를 보내려고 한다. 여행에서 돌아온 뒤 독서도 하고 글쓰기도 하면서 그동안 하고 싶은 것을, 하지 못했던 다음과 같은 일들을 해볼까 한다.

- 평소 하고 싶었던 심리학, 철학 공부
- 중국어, 일어, 스페인어, 인도어 습득
- 기행문과 수필 쓰기
- 경영 및 리더십 등 40여 년간의 경험을 바탕으로 책 쓰기
- 풍부한 동양고전 읽기
- 택견을 배워 건강 관리하기
- 도예(도자기) 배우기
- 전국 유명 100대 명산 및 사찰 여행기 쓰기
- 사회복지시설에서 색소폰 연주 등 봉사활동 하기
- 지금까지 생각하지 못했던 신나고 행복한 일하기

위 목표의 3분의 1이라도 달성할 수 있다면 성공적인 노후생활을 보낸 것이라고 말할 수 있지 않겠는가? 여유롭고 즐겁게 행복한 노후생활을 즐기기 위해서는 돈이 필요하다. 하지만 건강, 친구, 이웃, 가족, 봉사활동, 여가활동, 종교생활, 삶의 목적, 꿈이 더 중요할지도 모른다. 욕심을 버리고 마음 비우고 내 수준에 맞는 검소한 생활을 한다면 돈이 없어도 여유로운 노후생활은 얼마든지 가능하다.

돈으로 행복을 살 수 없다

대부분 사람들은 돈이 전부인 것처럼 살아간다. 경제적인 안정과 많은 재산이 행복한 은퇴의 조건이라고 생각한다. 돈만으로 행복해질 수도 즐거울 수도 없다. 물론 돈이 많으면 즐거움과 원하는 것을 얻을 수 있다. 그러나 돈만으로 행복을 살 수는 없다.

중학교 동창인 인천에서 사업하던 친구 K가 2년 전(2017년)에 우리 곁을 떠났다. "나에겐 고향 친구들이 가장 좋다"며 모임 때마다 포항에서 낙지를 사와서 친구들과 같이 먹었다. 강원도 홍천에는 별장도 있어서 그곳에서 모임도 가졌다. 하지만 갑자기 찾아온 암 때문에 두 번이나 수술을 한 후 결국 일어나지 못하고 우리 곁을 떠났다. 돈이 아무리 많아도 소용없다. 인생에 대한 회의감이 밀려왔다. 돈보다 중요한 것이 무엇인가를 뼈저리게 생각하는 계기가 되었다.

또 다른 친구 B는 화가이자 H대학 교수였다. 고향이 좋아 고향에 집을 짓고 노후생활을 준비하고 있었다. 어느 날 아침에 갑자기 심근경색으로 유언도 제대로 하지 못하고 저 세상으로 갔다. 인생의 허무함을 무엇으로 표현할 수 있을까.

돈과 행복한 삶의 관계를 올바로 정립하는 것이 매우 중요하다. 흔히 돈 때문에 패가망신하고 가까운 사람을 잃는 예는 주변에 수없이 많다. 돈이 여유로운 삶과 멋진 것들을 가져다주는 건 사실이다. 하지만 행복한 노후생활을 위해서 얼마나 많은 돈이 필요한가는 별개의 문제다. 돈이 불행을 해소해주기는 하지만 자존감, 성취감, 만족감 등을 수반하는 진정한 행복을 가져다주는 것은 아니다. 돈은 생존과 윤택한 생활을 위해 필요하지만, 행복해지기 위해 반드시 많은 돈이 필요하다고 볼 수 없다.

안성에서 사업하는 친구 K는 우리 친구들 중에서 가장 성공한 친구이다. 박사학위를 받고 카이스트에서 연구원생활을 하다가 사업을 시작했다. 중국에 공장이 있고 수출도 하는 중소기업 사장이다. 안성공장으로 친구들을 부부동반으로 초청해서 파티를 열기도 했다.

어떻게 사는 것이 행복한지를 아는 친구다. 친구들과의 시간을 같이 보내려고 노력한다. 사업에 성공해서 돈이 많이 있지만 항상 친구들과의 관계를 중요시하고 고향에 대한 남다른 애정을 가지고 있다.

"돈 많아야 가져갈 것도 아닌데 친구들이 가장 소중하지!"라고 말한다. 인생 후반 무엇이 소중한지 일찌감치 깨달았다.

돈으로 행복을 추구하는 것은 어리석은 짓이다. 돈은 결코 사람을 행복하게 만든 적이 없으며, 앞으로도 그럴 것이다. 돈의 본질은 행복과는 전혀 무관하다. 돈이 많을수록 사람은 더 많은 돈을 원한다. 돈은 부족함을 메워주는 것이 아니라 부족함을 느끼게 한다. 재산이 늘어나는 것만큼 행복은 증가하지 않는다. 어쩌면 부유해질수록 늘어가는 욕심, 물질만능주의 등으로 행복은 점점 더 멀어져간다.

인생 100세 시대, 축복이자 재앙이 될 수도 있다. 언제부터인가 노후에 대한 부정적인 인식이 확산되고 있는 것도 사실이다. 심각한 노인문제, 버림받은 노인들, 한국노인의 빈곤율과 노인 자살률 OECD 1위 등의 기사들이 노후를 더 비참하게 하는 부정적인 요소로 작용, 더욱 심리적으로 불안해지기만 한다.

그러나 세상에는 돈으로 살 수 없는 멋진 경험들이 많다. 행복을 주는 근본적인 요소들, 건강, 마음의 평화, 사랑, 만족감 등은 부자라고 해서 쉽게 가질 수 있는 것은 아니다. 그러나 행복한 은퇴생활을 하는 데 있어 돈이 중요하다고 믿는 사람들은 정말 많다.

어떤 사람은 검소한 삶을 살지만 부유한 사람들보다 훨씬 큰 만족과 여유로운 마음의 평화를 누리고 있다. 많은 행복연구에서 나타나듯이 돈이나 출세, 성공과 관계없이 편안하고 유쾌한 태도를 가진 사람들이 유쾌하지 않은 성격을 가진 사람보다 행복하다고 한다.

돈으로 행복을 살 수는 없다. 행복을 돈으로 살 수 있다면 백화점이나 슈퍼에 행복을 파는 코너Corner가 생겼을 것이다. 하지만 아직도 생기지 않았다. 그러니까 그건 돈으로 살 수 있는 것이 아니다.

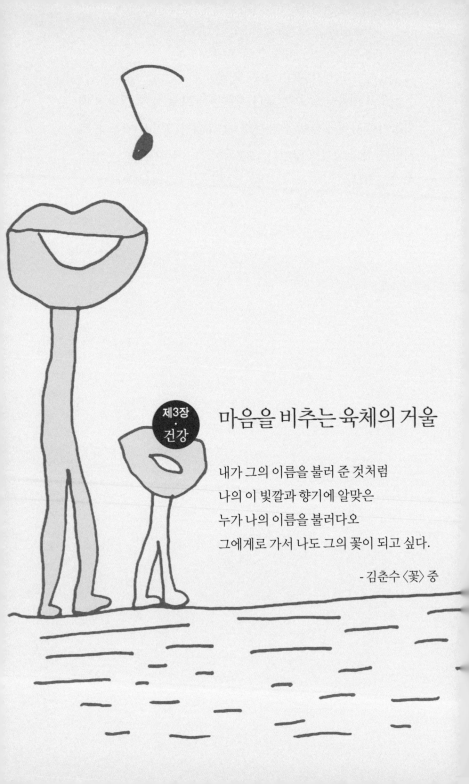

제3장
·
건강

마음을 비추는 육체의 거울

내가 그의 이름을 불러 준 것처럼
나의 이 빛깔과 향기에 알맞은
누가 나의 이름을 불러다오
그에게로 가서 나도 그의 꽃이 되고 싶다.

- 김춘수 〈꽃〉 중

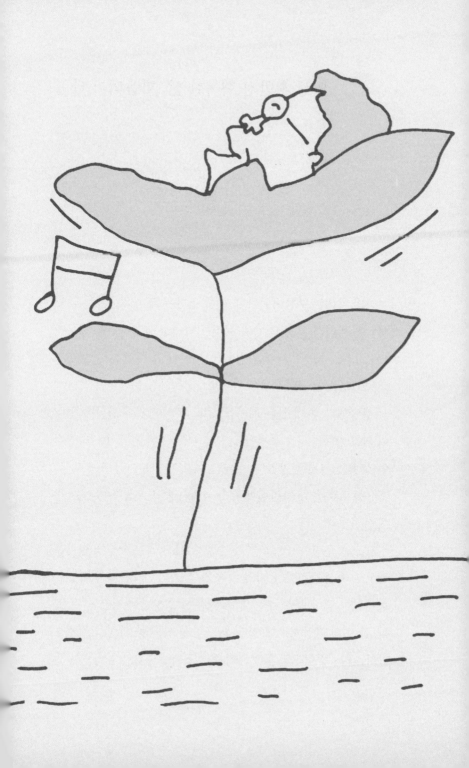

인생 후반전 행복한 삶, 마음먹기 나름

　나의 아내는 종합병원이다. 살아 있다는 것이 나에게는 기적처럼 느껴진다. 두 번의 죽을 고비를 넘기고 살얼음판을 걷듯이 살고 있다. 지금의 삶은 덤이다.

　2001년도에 교통사고를 당했다. 상대 차량 운전자는 현장에서 사망했다. 아내 차는 폐차를 했다. 유리 파편에 얼굴은 엉망이 되고 양쪽다리는 상처를 입었다. 다행히 뼈를 다치는 치명적인 상처를 입지는 않았다. 살았다는 것이 천운이다. 그러나 그 후유증으로 왼쪽 고관절에 무혈성괴사증이 발생하여 걷는 것이 불편하다.

　타고난 운명인가? 설상가상으로 2015년에는 사전에 발견을 하고도 방심한 탓에 유방암 수술을 받았다. 더군다나 임파선을 절제하여 팔이 퉁퉁 붓는 부종 때문에 오른팔을 써서는 안 된다. 한 번의 항암치료에 열흘 동안 잠을 못 자는 과정을 지켜보았다. 나는 아들과 딸에게 암에 걸려도 암수술과 항암치료는 절대 받지 않겠다고 말하곤 한다.

음성 꽃동네에는 최귀동 할아버지가 "얻어먹을 수 있는 힘만 있어도 주님의 은총입니다."라고 새겨진 바위 밑에 안장되어 있다. 걸어다니고 움직일 수 있다는 것만으로도 행복하지 않은 가. 나이 들수록 중요한 것이 '긍정마인드'이다. 우리 몸은 마음 먹은 대로 변한다. 아내는 몸이 그러함에도 불구하고 내색하지 않고 밝은 표정으로 살아가는 모습에 그저 고맙고 감사할 뿐이다. 길어진 노년의 시간을 덧없이 흘려보낼 게 아니라 120살까지 꿈을 가지고 남은 인생을 가치 있게 살아가야 하겠다고 다짐해본다.

은퇴 후 짧게는 20년, 길게는 40년 이상 살아야 한다. 이 시간을 우리는 무엇을 하며 어떻게 보내야 할까? 지금의 의학발달 속도를 보면 평균수명 100세를 넘어 120세 시대도 멀지 않았다. 은퇴이후 보내야 할 긴긴 시간들에 막막함과 불안함을 새로운 삶으로 채워야 한다. 북미 인디언 이로퀴Iroquois 부족은 중요한 결정을 할 때 반드시 다음 7세대까지 고려했다고 한다.

120세 인생의 주춧돌은 건강이다. 아프면서 오래 사는 것은 누구도 원치 않는다. 내 몸 건강은 내가 지킨다는 철학을 가져야 한다. 복지제도나 의료시스템이 내 건강을 책임져 주지 않는다. 나는 120세 인생이 결코 불가능한 꿈이 아니라고 생각한다. 장수유전자를 가진 아주 특별한 사람들만 누릴 수 있는 기적이 아니다.

당신은 어떤가? 120살까지 산다고 하면 가장 먼저 떠오르는 생각이나 느낌은 무엇인가? 기대되는가? 아니면 부담이 되는가?

"120살? 그게 정말로 가능해요? 아직은 꿈에 불과하죠."

"120살? 아이고! 그건 나에게 지옥이에요!"

"120살? 맘먹는다고 그게 되나요? 천수를 누리다 가는 거죠."

나는 108살까지 일하기로 했다고 말하곤 했다. 죽을 때까지 현역으로 살겠다고 했다.

"나는 108살까지 일하고 2년은 죽음을 준비하고 110살에 죽겠다."

이제는 120살까지 살기로 변경했다. 죽는 것은 내 마음대로 할 수 있는 것은 아니다. 그러나 살아있는 한 마음만은 젊게 살고 싶다. 나이는 숫자에 불과하다. 육체는 늙지만 정신은 결코 늙지 않는다.

인생의 후반기는 결코 쇠퇴와 퇴보의 시기가 아니다. 놀랍도록 희망차고 충만한 황금기가 될 수 있다. 건강과 행복과 마음의 평화를 스스로 창조하며 자신의 노년기를 적극적으로 경영할 수 있다는 것이다.

2018년 10월 2일 제22회 '노인의 날'을 맞아 문재인 대통령은 100세를 맞은 전국 1천343명에게 장수지팡이인 '청려장'을 선물했다. 2018년 8월말 기준으로 우리나라 100세 이상 인구는 여자 1만4천252명, 남자 4천253명으로 총 1만8천505명이다.

우리는 시간이 나한테 주어진다고 생각했지 내가 의지를 갖고 내 시간을 늘릴 수 있다는 생각을 하지 않았던 것이다. 즉, 장수를 의학의 발전이나 사회문화적인 변화가 가져다주는 것으로 생각했다. 내가 주도적으로 창조할 수 있는 그 무엇이라는 생각은 부족했다.

● 어느 95세 노인의 고백

인생 후반전에 관한 설계는 일찍 시작하면 할수록 좋다. 늦어도 50대에는 인생 후반기를 어떻게 살아갈지 방향을 정하고 자신이 선택한 인생을 살기 위한 구체적인 준비를 해야 한다. 그러한 설계가 있느냐 없느냐에 따라 인생후반전은 완전히 달라질 수 있다.

2008년 한 신문에 소개되어 많은 사람들에게 깊은 생각을 안겨준 어느 95세 노인의 글이다.

나는 젊었을 때 정말 열심히 일했습니다.

그 결과 나는 실력을 인정받았고 존경을 받았습니다.

그 덕에 65세에 당당히 은퇴를 할 수 있었죠.

그런 내가 30년 후인 95세 생일 때 얼마나 후회의 눈물을 흘렸는지 모릅니다.

내 65년의 생애는 자랑스럽고 떳떳했지만 이후 30년의 생애는 부끄럽고 후회되고 비통한 삶이었습니다.

나는 퇴직 후 '이제 다 살았다. 남은 인생은 덤이다.' 라는 내 나이 64세!
나는 108살까지 일하고
2년은 죽음을 준비하고 110살에 죽겠다!

생각으로 그저 고통 없이 죽기만을 기다렸습니다.

덧없고 희망이 없는 삶, 그런 삶을 무려 30년이나 살았습니다.

30년의 시간은 지금 내 나이 95살로 보면 3분의 1에 해당하는 기나긴 시간입니다.

만일 내가 퇴직할 때 앞으로 30년 더 살 수 있다고 생각했다면 난 정말 그렇게 살지는 않았을 것입니다.

그때 나 스스로가 늙었다고 뭔가를 시작하기엔 늦었다고 생각했던 것이 큰 잘못이었습니다.

나는 지금 95살이지만 정신이 또렷합니다.

앞으로 10년, 20년을 더 살지 모릅니다.

이제 나는 하고 싶었던 어학공부를 시작하려 합니다.

그 이유는 단 한 가지 10년 후 맞이하게 될 105번째 생일날 95살 때 왜 아무것도 시작하지 않았는지 후회하지 않기 위해서 입니다.

이 글을 쓴 사람은 한국 호서대 설립자인 강석규 박사다. 그는 100세 때에도 강단에 서서 자신이 인생에서 배운 지혜를 세상과 나누다가 103세에 돌아가셨다.

나는 지금 64살이다. 무엇을 할 것인가. 재수 없으면? 나도 120살까지 살지도 모른다. 당신이라면 무엇을 하겠는가. 나이 탓만 하고 있을 것인가? 이제 무엇이든 선택해야 한다.

나는 꽃이 되고 싶다. 야생화가 되고 싶다.

생생하게 꿈꾸면 이루어진다고 한다. 당신의 꿈을 응원한다.

점점 젊어진다는 것,
나이는 숫자에 불과하다

우리는 몇 살까지 살 수 있을까? 또 얼마나 건강과 행복을 누리고 살 수 있을까? 육체적, 정신적 건강을 유지하는 것은 무엇과도 바꿀 수 없는 은퇴생활의 축복이다. 은퇴생활의 만족도는 정신적 육체적 건강을 얼마나 잘 유지하느냐에 달려 있다.

"낼 모레면 70인데 이제 다 됐어." 이렇게 말하는 친구들이 주위에서 늘어났다.

"지금 뭐하고 지내?"

"별로 하는 일 없이 손자 돌보고, TV보고 그게 일이지 뭐."

"뭔가를 해야 하는데……."

60대 중반 우리 나이에 그렇게 허송세월을 보내면서 지낼 나이인가? 나 역시 집에서 빈둥거리고 있다. 뭔가를 하고 싶은데 받아주는 데는 없고 마음만 답답할 뿐이다. '삼식이'는 하지 말아야 하는데 하면서도 집에서 죽치고 있다. 눈치도 없이…….

무엇인가를 해야 하는데 망설이고 있다. 나이 63세에 굴삭기 (06W) 운전기능사와 방수기능사 자격증을 취득했지만, 당장 써먹을 수는 없다. 가능성과 희망을 갖기 위해서다. 생각만 하고 도전하지 않으면 아무것도 할 수 없다.

많은 은퇴자들이 들어서 행복할 말은 '나이는 중요하지 않다'는 말이다. 중요한 것은 '나이'를 어떤 시각으로 보느냐 하는 것이다. 나 노인이 되고 안 되고는 그것을 받아들이는 자신의 태도에 달려 있다고 본다.

나이 먹는 것을 부정적으로 생각하는 사람들은 생에 대해 긍정적으로 생각을 하는 사람들에 비해 수명이 7.6년 단축된다고 미국의 〈성격과 사회심리학 저널〉에 소개된 바 있다. 좋은 건강을 유지하는 것보다 나이 먹는 것에 대해 긍정적으로 생각하는 것이 장수에 더 큰 효과를 미친다는 연구결과도 있다.

로베르 마르샹Robert Marchand은 105세 프랑스 사이클리스트Cyclist이다. 1911년 프랑스 북부에서 태어났다. 젊었을 때 사이클링을 해본 경험이 있었지만 본격적으로 사이클링을 시작한 것은 67세였다. 그리고 38년 뒤 2017년 1월에 한 시간에 22킬로미터를 완주해서 105세에 세계기록을 경신했다.

2015년에 92세로 세계 최고령 여성 마라톤 완주자完走者가 된 미국 샌디에이고의 해리엇 톰프슨Harriette Thompson은 76세 때에 처음 마라톤을 완주해 보겠다고 결심했다. 그 결심이후 해마다 '백혈병·임파종학회'를 위한 기금마련 마라톤대회에

출전하여 16년 동안 10만 달러 기금을 모았다.

이런 사람들의 이야기를 들으면 '이 나이에……' 하는 망설임이나 핑계가 쑥 들어가게 된다. 나이가 몇이든 자기관리를 어떻게 하느냐에 달려 있다. 따라서 충분히 활력 있고 건강한 삶을 살 수 있다는 가능성과 희망을 보여 준다.

물론 노화는 누구도 피할 수 없는 자연현상이다. 아직도 여전히 건재한 두 발로 대지를 밟고 활보할 수 있다면 그것 자체에 감사할 일이다. 모든 일을 할 수 있는 원천은 역시 건강한 정신과 육체에서 나오니 앞으로도 건강한 정신과 체력 유지를 위한 정신수양, 체력보강에 좀 더 힘써야 할 것이다.

나이 들어 행복하려면 우선 사물을 바라보는 관점과 마음을 바꾸어야 한다. 나이가 든다는 것을 '늙는다' 는 것과 동일시하는 관점부터 바꾸어야 한다. 나이든 사람들이 가장 많이 하는 말이 과거 얘기다. '내가 과거에는~' '왕년에는 말이야' 이렇게 운운하는 말을 자주 듣는다. 85세 이전까지 나이 얘기하지 말자. 경로석에도 앉지 말자. 현재와 미래 얘기만 하자. 그래서 20대 때의 몸을 만들어보는 것이다.

이들이 특별하게 보이기도 하겠지만 유별난 것도 아니다. 7, 80대, 90대에도 믿을 수 없을 만큼 엄청난 정력과 열정과 육체적 능력을 과시하고 있다. 행복의 비밀 중 하나는 나이를 잊는 것인데 이는 나이가 들수록 더 중요해진다.

행복한 표정

"정말 못생겼어."

나는 어렸을 때부터 외모에 자신이 없었다. 지금도 핸드폰으로 내 사진을 찍어보면 내 얼굴이 보기 싫다. 표정도 맘에 안 든다. 내 모습은 항상 입을 굳게 다물고 심각한 표정이다. 다른 사람들의 웃는 표정을 보면 부럽다. 그래서 나는 사진 찍기를 싫어한다. 억지로라도 웃으면 어색하고 더 부자연스럽다.

사십 이후에는 자신의 얼굴에 책임을 져야 한다고 말한다. 이제부터라도 웃는 표정을 만들어보려고 매일 웃는 표정을 연습하고 있다. 그렇게 하다보면 나도 모르게 기분도 좋아진다. 웃는 얼굴에 행복이 깃들고 찡그린 얼굴에 불행이 찾아든다는 말도 있지 않은가. 지금 당장 얼굴 가득 미소 지으면 행복해지리라. 오늘의 웃음 가득한 행복이 미래의 행복도 부를 것이기 때문이다.

S연구소 J소장은 강의와 강사육성 및 조찬 포럼을 운영하고

있다. J소장은 강의할 때마다 PPT 첫 화면에 여러 사람들과 찍은 사진 속에서 자신만이 웃고 있는 모습의 사진을 보여준다. 평소 모습도 항상 웃는 얼굴이다. 웃는 얼굴에 복이 쌓이고 성공할 수 있다고 말한다. 웃는 얼굴의 입 꼬리가 올라가야 복이 쌓인다고 말한다.

무조건 웃어라. 여행 중에도 웃어라. 버스 안에서의 웃음은 그 지방의 특산과일은 가져다주고, 공원벤치에서의 웃음은 꼬마에게 과자를, 학교에서의 웃음은 멋진 친구를, 직장에서의 웃음은 뜻밖의 좋은 인맥을 가져다준다.

쇼펜하우어Arthur Schopenhauer도 '늘 웃는 얼굴은 행복을 나르는 집배원'이라고 말했다. '그 사람은 늘 웃는다'는 이미지는 중요한 삶의 전략이다. 이순구 화백의 웃는 얼굴 시리즈를 보고 있으면 저절로 마음의 힐링Healing이 되는 것 같다. '웃는 얼굴에 침 못 뱉는다'는 속담이 있음을 명심해야 한다.

N은행의 K는 얼굴표정 때문에 입사초기에 겪은 일화를 소개한 적이 있다. 자신의 표정이 은행원으로서 고객을 접대하기에 부담스럽다는 생각이 들었다고 했다. 심지어 어머니로부터 "너는 꼭 도둑놈 인상 같다"는 충격적인 말도 들었다고 한다. 은행에 입사하고부터 얼굴 표정을 바꿔보려고 매일 아침 출근하기 직전에 거울을 보며 웃는 연습을 했다. 그렇게 꾸준히 1년간 웃는 얼굴을 연습한 결과 호감 가는 얼굴로 바뀌었다고 한다.

누구나 아는 것처럼 웃음은 우리를 기쁨으로 들뜨게 한다. 웃음은 진실에서 우러나오는 기쁨의 웃음이어야 한다. 나는 소리 내어 크게 웃는 것보다는 조용한 미소를 더 좋아한다. 미소는 언제 어디서든 분위기를 흐리지 않는다. 미소는 스스로 굳게 문을 닫아버린 어두운 마음에 빛이 되어 조용히 내부로 스며들어 온다. 미소는 내 생명과 같다.

인간의 얼굴 표정 중에는 서로 다른 열아홉 가지의 미소가 있다고 한다. 그 중에서 열여덟 가지는 인위적인 것이며 진짜 미소는 한 가지밖에 없다고 한다. 입술이 위로 당겨질 뿐 아니라 두 눈이 약간 안쪽으로 모이면서 눈가에 주름이 나타나고 두 뺨의 상반부가 들려지고 눈가의 괄약근이라 불리는 안륜근眼輪筋이 수축해야 진짜 유쾌한 미소라고 한다.[*]

스스로의 가치는 남이 매기는 것이 아닌 자신이 매기는 것이다. 전에는 피하고 싶었던 자신의 단점도 당당하게 인정할 수 있고 자신의 장점에 집중하면서 키워나가면 된다. 얼굴이 잘 생기지 못했어도 밝고 환하면 좋은 영향을 줄 수 있는 사람으로 다가갈 수 있다. 예쁜 마음으로부터 예쁜 얼굴이 나온다고 할 수 있다.

"스마일! 오늘도 좋은 하루!"

이제 나는 매일 거울을 보며 주문을 걸고 있다.

• 쿠르트 호크 지음, 강희진 옮김, 《나이 들지 않으면 알 수 없는 것들》, 브리즈, 2008.

옛날, 어떤 성에 '라푼젤Rapunzel'이라는 아가씨가 갇혀 살았다. 마녀는 라푼젤을 망루에 가두고는 "넌 못생겼어, 정말 못생겼단 말이야."라고 수도 없이 되풀이했다. 어느 날, 잘 생긴 왕자가 망루 아래를 지나다 라푼젤을 보고 그 아름다움에 매혹되었다. 라푼젤은 난생 처음 듣는 아름답다는 칭찬에 수줍음을 누르며 왕자에게 금빛이 눈부신 긴 머리채를 내려 주었다. 왕자는 머리채를 타고 성으로 올라가 라푼젤을 구해냈다.

라푼젤을 가두어둔 것은 육중한 성도, 심술궂은 마녀도 아니었다. '나는 못생겼어'라는 자기 이미지였다. 라푼젤은 매력적인 왕자의 눈에 비친 자신의 고운 모습을 보고는 마침내 자유로워질 수 있겠다고 깨달았다. 우리는 누구나 마음속에 자유로워지지 못하도록 끈질기게 방해하는 고약한 마녀들을 가지고 있다.

당신에게도 사랑하고 사랑받을 수 있는 능력이 있음을 받아들여라. 우리는 누구나 당당한 '인간'이다. 스스로의 가치를 인정하고 끊임없이 되뇌어라.

"난 제대로 대접받을 자격이 있다!"

쇼펜하우어 왈,
"늘 웃는 얼굴은 행복을 나르는 집배원이다."
"스마일! 오늘도 좋은 하루!"

내 마음 안에 있는 행복

"사람을 불행하게 만드는 것은 비교이다."라는 영국속담이 있다. 행복은 내 마음 안에 있다. 내가 진정으로 원하는 삶은 무엇인가? 당신 스스로에게 끊임없이 물어야 한다. 늙어서도 자신의 건강과 행복을 스스로 자급자족할 수 있어야 한다.

자신이 스스로 운명의 주인이 되는 것은 무엇을 의미하는가. 인생을 살아가면서 우리는 끊임없이 나는 누구인가, 어디에서 왔는가, 어떻게 생을 마감할 것인가, 고뇌하며 성숙된 삶으로 자신을 이끌고 완성해가는 위대한 정신의 소유자이다. 주어진 환경에 길들여지지 않고 자신의 삶을 주도적으로 이끄는, 그러한 자유롭고 창조적인 의식의 소유자는 나이가 들어도 늙지 않는다. 정신이 시들지 않았기에 결코 늙는 법이 없다.

내 삶에서 '은퇴'라는 과정을 겪지 않았다면 이러한 진실을 결코 깨닫지 못했으리라.

은퇴 이전의 삶은 외부 시선을 많이 의식하여 살아왔던 인생이었다. 사회의 규범에서 벗어나자마자 내 안의 무궁무진한 가능성을 발견하고 싶었다. 우선 10여 년간의 C대학교 겸임교수직도 과감히 그만두었다. 내가 그만두지 않는 한 다닐 수 있는 안정된 직장에도 사표를 던졌다. 그동안 내가 하고 싶었던 것을 하기 위해서다. 사람들에게 인정과 관심을 받으려 했을 뿐 정작 나 자신에게 사랑을 주지 않았던 것을 깨닫게 되었다.

혼자서 외롭다고 생각했고 텅 빈 마음의 공허함을 밖에서 채우려 했다. 나를 온전히 받아줄 수 있는 사람을 찾으려 애썼다. 그러나 그렇게 찾아 헤매어도 곧잘 실망하고 상처를 받았다. 매일 남에게 비치는 내 모습을 만들어가기 위해 살았던 삶은 신이 나지 않았다. 그 공허한 마음을 채울 수 있는 해답은 밖에 있지 않았고 내 안에 있었다. 나는 그 누구와 비교하는 대상이 아닌 나라는 존재 자체만으로도 귀중한 사람이다.

오스트리아 비엔나에서 저명한 정신과 의사였던 37세의 빅토르 프랑클Viktor Frankle은 1942년 아내와 부모님과 함께 아우슈비츠의 나치 강제수용소로 끌려갔다. 3년 뒤 전쟁이 끝나 수용소가 해방되었을 때 당시 임신 중이던 그의 아내와 부모님, 가족의 대부분은 나치에 살해당했고 프랑클만 홀로 살아남았다.

자유를 완전히 박탈당한 채 죽음의 공포와 싸우며 수용소 생활을 하는 동안 프랑클을 사로잡은 것은 단 한 가지 질문이었다. 이런 상황 속에서도 인간이 계속 살아야 할 이유가 있을까? 프랑클은 살아남은 사람들과 죽은 사람들의 차이는 단 하나

'의미意味'라고 결론 내렸다.

사소하든 크든 무엇인가에 의미를 부여하는 사람들은 끝까지 살아남았다. 그는 왜 살아야 하는지를 아는 사람은 어떤 상황도 견뎌낼 수 있다는 것을 목격했다. 그는 어쩔 수 없이 겪어야 하는 고통이라면 그 고통마저도 겪어내리라 다짐했다. 어떤 상황이라도 우리의 삶은 의미와 가치로 가득 찰 수 있다는 것을 증명했다.

행복은 밖에서 찾아오는 것이 아니라 욕심을 버린 자의 마음에서부터 얻어지는 것이다. 사람은 다른 사람과 자신을 비교하는 순간부터 지금 갖고 있는 행복까지 잃게 된다. 하늘의 섭리에 따르고 편안한 마음으로 운명을 받아들이면 근심 걱정 없이 마음이 편안해진다.

행복해지려면 다른 사람에게 지나친 관심을 갖지 말아야 한다. 비교하지 말아야 한다.

나는 자녀들과의 대화에서 종종 남들과 비교한다.

"누구 아들은 한 달에 용돈을 오십만 원씩 준다는데 나는 언제 받아보나?" 또는,

"누구 딸은 정규직인데 우리 딸은 언제 정규직 되나?"

이 말을 들은 아들과 딸은 얼마나 속이 상했을까? 나도 모르게 은연 중에 이런 말이 불쑥 나온다. 내 스스로 행복을 걷어차고 있는 게 아닐까. 가정의 화목도 깨뜨리고, 나는 가장으로서 제 역할을 다해왔던 것일까. 절대 비교하지 마라. 있는 행복도 달아난다.

마음의 병이 건강에 더 해롭다

노후에 건강만큼 중요한 것이 없다는 것을 누구나 안다. 더 어리석은 일은 어떤 이익을 위해서 건강을 해치는 일이다. 노후에 심각한 건강문제를 가진 사람 중 상당수가 젊어서 건강했던 사람들이다. 건강한 사람이 하루아침에 갑자기 사망하는 경우를 종종 목격하곤 한다.

'팔팔 10년, 골골 30년'이란 말이 있다. 골골하면서 늘 죽을상을 쓰고 살면서도 오래 사는가 하면, 늘 명랑하며 쾌활하고 건강하던 사람도 졸지에 사망하는 수가 많다. 인간의 수명은 하늘이 정한다는 말이 맞는 것 같다. 아무리 발버둥쳐도 하늘이 정한 수명은 어쩌지 못한다. 수천 년 전이나 지금이나 평균수명이 늘었지 절대수명은 같거나 더 짧아졌다고 한다.

노인이 되면 갑자기 질병이 많아지고 의료비가 급증할 것이라고 지레 겁먹기 마련이다. 공연히 병을 키울 필요는 없지만 조금만 아프면 병원으로 달려가는 것 역시 그다지 좋은 습관은 아니다. 적절한 건강관리와 정기적인 건강검진으로 큰 병 없이 노후를 보낼 수 있다. 다른 복지서비스와 비교하여 우리나라 건강보험은 세계적으로 양호한 편이다. 과잉진료 세태에 휩쓸리지 않으면 지출도 줄고 건강도 지킬 수 있다.

나는 감기에 걸려도 병원을 잘 찾지 않는다. 어려서부터 주사 맞는 걸 무척 싫어해서 병원 가는 걸 무서워했다. 그래서인지 어른이 되어서도 웬만하면 병원을 가지 않는다. 사람은 자연치유력이 있어서 약을 먹지 않아도 치유되는 경우가 많다. 특히 감기 기운이 조금만 있어도 병원을 찾는 경우가 있는데 약에 의존하지 말고 내 몸의 상태를 감안해서 병원을 찾아야 한다.

나이가 들면 질병에 대한 두려움이 큰 부분을 차지하는 것은 당연하다. 질병은 육체적, 정신적 고통과 함께 경제적인 어려움을 동반하기에 두려움이 클 수밖에 없다. 우리나라는 작은 질병에도 병원을 찾거나 약을 복용하는 의료의존도가 매우 높은 편이라고 한다. 동시에 병원들의 과잉진료도 다반사茶飯事이다.

한국인의 항생제 남용은 세계 1위라고 한다. 사소한 속쓰림에도 내시경 검사를 받는다. 의료비용 자체가 선진국보다 싼 편이다. 또한 주치의제가 도입되지 않아 비슷한 증상으로 여러 군데 의료기관을 도는 일명 '의료 쇼핑'이 적지 않기 때문이다.

지나친 건강관리가 화를 부른다. 2012년 정형외과 전문의 김현정 박사는《의사는 수술 받지 않는다》라는 책을 출간했다. 김박사는 "근사하고 달콤하게 포장한 불안을 권하며 호시탐탐 의료상술을 일삼는다"고 말했다. 의료계가 불필요한 검사와 처방을 남용하는데도 정작 의사들은 일반인에 비해 건강검진을 받는 비율이 낮다. 또 인공관절이나 척추, 백내장, 스텐트(Stent, 폐색 등을 막으려고 혈관에 주입하는 장치), 임플란트 등 비교적 흔한 수술을 받는 비율도 현저히 떨어지고, 심지어 항암치료 참여율조차 낮다고 했다.

"정형외과 외과들이 밥 먹으면서 곧잘 하는 얘기가 있어요. 되도록 세 가지를 받지 말자는 얘기입니다. 건강검진, 척추수술, 어깨수술이 그것입니다. 물론 지금 말하는 건강검진은 의무적인 검진이 아니라 평소 건강관리를 위해 받는 자발적 검진을 말합니다. 누구보다도 의료허상을 잘 알기 때문이죠. 그 어떤 의료행위도 양날의 칼과 같습니다."라고 말했다.

의료기관을 찾기 전 환자 개개인이 자기 몸의 주인이며 의료주체로서 자신의 힘과 기능을 찾고 키우는 것을 0순위로 삼자는 의미라고 했다. 0차 의료의 7가지 해법으로 △마음 힘 키우기 △몸 많이 움직이기 △인공人工에 반대하기 △경증輕症에 지혜롭게 대처하기 △미니멀리즘 의료 실천하기 △보험 남용하지 않기 △느리게 살기 등을 제시했다.

환자가 먼저 의료주체임을 새롭게 자각해 시간이 다소 걸리더라도 자연산 몸의 '자연치유력'을 믿고, 의료과잉을 경계하는 동시에 '소소익선(小小益善, 적을수록 좋다)' 하는 최소한의 치료방법을 선택하라는 것이다. "그만 불안해하고 이제 느리게 살아. 우리가 원하는 것은 생존이 아니라 삶이다."라고 했다.

사람이 얼마나 오래 사느냐는 70퍼센트 이상이 본인의 책임에 달려 있다. 보건학자들에 따르면 수명의 30퍼센트만이 유전과 관련이 있고 50퍼센트는 개개인의 생활방식, 나머지 20퍼센트는 개인의 경제적·사회적 능력이 좌우한다고 한다. 올바른 생활방식이 이처럼 중요하다.

문제는 지나치게 건강한데 할 일이 없어 무료하여 마음의 병이 생길 수 있다. 또한 과도한 음주, 흡연 혹은 영양섭취가 문제되어 건강을 해칠 수 있다. 대개 마음의 병은 목표가 없을 때 온다. 평생 은퇴하지 않는 삶은 사소한 질병이 끼어들 틈이 없다. 계속 움직이면 건강을 잃을 일도 없다.

노화는 피할 수 없으며 20대부터 진행된다. 정상적인 노화는 나이를 먹어도 일상생활에 별지장을 초래하지 않는다. 충분히 건강한 사람들이 50대만 되면 '나이 들었으니 이제 몸도 늙겠지……' 하는 무의식적 생각에 따라 급격한 노쇠의 길로 들어선다.

더 이상 노화老化가 노쇠老衰를 뜻하지 않는다. 실제로 1997년 3월 당시 75세인 조지 부시George H. W. Bush 전 미국 대통령은 애리조나 사막의 1만 2,500피트 상공에서 스카이다이빙을 하여 미국인들을 깜짝 놀라게 했다. 1998년 11월 세계 최초의 우주비행사 존 글렌John Glenn 전 상원의원은 77세의 나이에 다시 우주선을 탔다. 그는 하루에 지구를 16바퀴 도는 우주선 안에서 임무를 완수하고 건강한 모습으로 귀환했다.

60세이면 아직 기회는 많다.

시간은 충분하다.

나이 탓으로 돌리지 말자.

우리에게 주어진 아름다운 노후의 시간을

멋지게 채워줄 기회가 남아 있다.

지나간 날들에 아파하지 말자.

최후의 승자가 진정한 승자다.

야구에서 9회 말에도 역전의 기회는 온다.

끝날 때까지 끝난 게 아니다.

내 안의 보물 허벅지,
20년 더 젊고 당당하게

앞으로 중요한 것은 그냥 오래 사는 것이 아니라 건강하게 오래 사는 것이다. 100살 노인 가운데 당뇨병 환자나 뚱뚱한 사람은 드물다는 사실을 기억하자! 자신의 몸을 돌보지 않는다면 당신은 도대체 어떻게 살 작정인가? 이상하게도 사람들은 자신의 몸보다 자동차나 집을 더 잘 돌보며 살고 있는 것 같기도 하다. 규칙적으로 운동하는 은퇴자들은 운동하지 않는 은퇴자들보다 더 오래 살고 병원신세를 지지 않을 것이다.

건강은 돈으로 살 수 없다. 약을 건네주는 의사에게 돈을 주기보다는 운동장에서 달리기를 하는 것이 더 낫다. 현명한 사람은 운동을 통해 치료약을 얻는다. 매일 30분 동안 활기차게 걷는 것만으로도 큰 도움이 된다.

"당신 허벅지 둘레가 몇 센티야?" 아내가 물었다.

"글쎄?"

"최소 60센티 이상은 돼야 한데"

내 허벅지는 60센티가 안 되었다.

"그거 봐! 앉아 있지만 말고 운동 좀 해."

허벅지는 신체근육의 30퍼센트가 밀집되어 있는 기관이다. 모든 인체활동의 진원지는 심장이 아니고 허벅지라고 한다. 40대를 기점으로 허벅지 근육이 1년에 2퍼센트씩 줄어든다. 점점 가늘어지는 내 허벅지에 미안한 마음이다. 내 몸의 보물인 허벅지를 관리하지 못했다는 아쉬움이 남는다.

허벅지 근육이 튼튼할수록 무릎관절도 튼튼해진다. 관절의 움직임은 관절주변을 둘러싸고 근육의 양과 질에 비례한다. 퇴행성관절염을 예방하는 것은 기본이고 만에 하나 퇴행성관절염이 있다 하더라도 허벅지 근육이 통증을 감소시킨다.

허벅지는 당뇨 및 혈관질병과도 직결되어 있다. 허벅지가 가느다란 사람은 당뇨병에 걸릴 확률이 그렇지 않은 사람보다 몇배나 더 상승한다. 허벅지 근육이 감소함에 따라 우리 몸의 당대사가 나빠진다. 겉보기에 고도비만으로 보이는 씨름선수들이 당뇨병에 걸리지 않는 이유는 바로 허벅지 때문이다.

지나간 세월을 뒤돌아보니 내가 저지른 실수보다 모르고 게을러서 나를 위해 해주지 못한 일들이 아쉽다. 나는 직장생활 거의 전 기간에 걸쳐 음주를 누렸다. 알게 모르게 그 폐해를 경험했고 후회하고 있다. 60대 중반에야 술을 끊었다. 이제라도 늦지 않았다. 꾸준히 운동을 열심히 하자.

다리근육은 사용횟수가 줄어들면 급속히 쇠약해지기 마련

이다. 나이가 들면 평소에도 다리근육을 유지하기 위해서 노력해야 한다. 반드시 매일 조금이라도 걸어야 한다. 다리근육 때문에 걷지 못해 누워 지내는 일은 없어야 한다. 나 역시 이 경우가 가장 두렵다.

언젠가 텔레비전에서 세계 최고봉을 단독으로 등정한 탐험가에게 물었다.

"당신은 왜 그렇게 위험한 일을 하십니까?"

그러자 탐험가는 대답했다.

"저의 체력이 어디까지 미치는지 한계를 알아보기 위해서입니다."

위대한 탐험가의 멋진 대답을 기대했던 사회자는 더 이상 말을 못했다.

사람은 누구나 자기 자신만의 고유능력을 갖고 태어난다고 한다. 아무런 능력도 없이 무의미한 일생을 살려고 태어나는 사람은 한 사람도 없다. 단지 그것이 무엇인지 모르고 전혀 다른 분야에서 일을 하다가 일생을 마치는 경우도 있을 것이다. 내 힘으로 무엇을 할 수 있는지 성찰해보는 일이야말로 앞으로 노후를 보내는 데 가장 중요하다고 할 수 있다.

내가 무엇에 도전할 수 있을까? 미리 포기하지 말고 무엇이든 도전해보자. 결과에 연연하지 말고 그 과정에서 삶의 의미를 느낄 수 있다면 그것이 행복이다.

'나는 해남 땅끝 마을에서 파주 임진각까지 걸어서 국토종단

을 하겠다.'

'그 다음은 70살에 마라톤을 완주하겠다.'

꾸준한 운동과 건강관리는 기본이다. 이 얼마나 가슴뛰는 일인가. 나이가 들었다고 해서 젊음이 사라지는 것이 아니다. 80세 노인이라도 13세 청소년처럼 배울 수 있다. 평생 젊게 사는 비결은 의욕과 열정이다. 노후에는 욕심이나 욕망은 버리되 의욕과 열정만은 끝까지 지켜야 한다.

평생의 젊음은 도전과 모험이라는 중요한 속성을 지니고 있다. 새로운 사람을 만나고, 새로운 취미를 가져보고, 새로운 것을 구경하고, 낡은 관념에 도전하고, 새로운 문화를 체험하고, 새로운 곳으로 여행하고, 새로운 목표에 도전하는 것 등이 필요하다.

2005년 6월 일본인 사이토 미노루Saito Minoru(당시 71세)씨는 요트를 타고 단독으로 세계를 일주하는 데 성공했다. 그는 234일 동안 5만 킬로미터를 여행했다. 항해 도중 한 번도 항구를 들르지 않았다는 기록과 최고령 기록을 세웠다. "기록은 언젠가 깨진다. 기록보다는 꿈을 이룬 데 만족한다."라고 그는 말했다.

현실에서는 젊음을 추구하고 미화하면서도 정작 나이 든 티를 내는 사람들이 적지 않다. 신세대 노인이 되고자 하는 사람들은 자신의 나이를 20세정도 깎는 것이다. 나이를 20세씩 깎아 한결 젊어짐으로써 정신적 노화에서 벗어나 인생을 더욱 활기차게 살아가면 어떨까.

내 나이 64세인데 40대 중반이라니, 얼마나 신나는 일인가!

두뇌를 항상 살아있게, 젊게 사는 비결

노후에도 계속 배워야 나이에 상관없이 예리한 정신력과 젊음을 유지할 수 있다. 건강한 삶을 위해 꾸준한 운동이 필수적이듯 정신운동 또한 반드시 필요하다. 나이 들수록 두뇌를 계속 움직이고 학습하여 두뇌기능을 지속시켜야 한다. "이 나이에 무슨……"이라고 생각하는 순간 두뇌는 쇠퇴하기 시작한다. 어떤 일에 대한 완전한 몰입, 새로운 공부, 지적인 도전은 정신 건강을 크게 향상시킨다.

은퇴 후 젊게 사는 비결은 배움을 멈추지 않는 것이다. 성공적인 은퇴의 가장 중요한 요소는 육체 및 정신 건강, 심리적 충만감, 가족과 친구와의 깊은 유대, 그리고 흥미로운 일거리 등이다. 여기에 덧붙여 평생학습자가 되면 죽는 날까지 자신의 세계를 매혹적인 것으로 만들 수 있다. 평생 배운다는 생각은 삶의 목적을 갖게 한다. 중요한 목적을 갖는다는 것은 은퇴생활의 핵심이다.

나이가 들어도 항상 재미있는 배울 거리가 있고 또 배울 기회가 있게 마련이다. 오늘날에는 은퇴자가 계속해서 배울 수 있는 기회가 과거 어느 때보다 많다. 평생학습은 직장에서 은퇴했을지언정 인생에서 은퇴하는 것이 아니라는 사실을 깨달은 사람들이 추구하는 일이다.

나는 지금 새로운 공부에 흠뻑 빠져 있다. 영어회화 공부, 붓글씨 연습, 수필 쓰기, 색소폰 연주 등에 일주일이 금방 지나간다. '백수가 과로사 한다'는 말이 실감난다. 그동안의 직장생활이 남을 위한 삶이었다면 지금이야말로 진정 나를 위한 삶을 산다고 해도 과언이 아니다.

신왕국의 책《근데, 영화 한 편 씹어 먹어봤니?》에서 말했다. "영어가 마음대로 되지 않는다면 영화 한 편을 씹어 먹어라." 나도 애니메이션 영화 〈라푼젤〉을 매일 씹어먹고 있다. 신왕국처럼 6개월 만에 영어를 한국어처럼 듣고 1년 만에 원어민도 인정할 만큼 영어를 말할 수는 없지만 영어공부를 하고 있다는 희망에 즐겁고 신난다.

대부분의 은퇴자들이 깨닫는 진리는, 배움은 인생을 위한 것이란 사실이다. 은퇴 후에도 계속 발전하기를 원할 것이다. 다양하고 흥미로운 교육기관이나 프로그램들은 주위에 넘쳐난다. 당신이 실제 상상할 수 있는 모든 것을 배울 수 있는 기회가 있고 인생에 큰 도움을 줄 수 있다.

건강한 삶을 위해 꾸준한 운동이 필수적이듯 정신운동 또한 반드시 필요하다. 나이 들수록 두뇌를 계속 움직이고 학습하여 두뇌기능을 오래 지속시켜야 한다. 어떤 일에 대한 완전한 몰입, 새로운 공부, 지적인 도전은 정신건강을 크게 향상시킨다.

《마인드맵 북》의 저자이자 두뇌전문가인 토니 부잔Tony Buzan은 머리를 쓰는 일에 시간을 투자하면 4, 50대라도 기억력을 향상시킬 수 있다고 말한다. 나이 들수록 기억력이 좋아질 가능성은 낮아진다. 부잔은 "학습할수록 기억력은 시간이 가면서 더 예리해진다"고 말한다. 6, 70대라고 해서 스페인어나 중국어를 공부하지 못할 이유는 없는 것이다. 하고자 하는 욕구와 동기만 있으면 된다.

은퇴생활을 TV시청에만 허비한다면 머리도 바보상자가 되어갈 것이다. 새로운 것을 얻는 것에 머리를 쓰지 않으면 머리는 새로운 정보를 구별하고 받아들이는 능력을 잃게 된다. 머리를 쓰지 않는 가장 큰 원인은 나태함이다. 두뇌 자극을 위해서는 익숙하지 않은 활동을 많이 하는 것이 좋다.

'업은 아이 3년 찾는다'는 말이 있다. 요즘 깜박깜박 하는 경우가 많다. 심지어는 핸드폰으로 통화하면서 "여보! 내 핸드폰 어디 있어?"라고 말하는 경우가 있다. 이런 행동은 노후에 부쩍 늘어난다. 건망증과 치매의 차이점에 대한 얘기들도 많이 한다. 어떻게 할 것인가? "나이 들어서 그래"라고 방치할 것인가?

나이 들수록 더 적극적으로 두뇌를 자극하는 활동을 많이 해야 한다. '왼손으로 글씨를 쓴다' '뒤로 걸음을 걷는다' '주위 상점들의 간판이름과 전화번호를 외운다' '지나가는 자동차의 차량번호를 외운다' 등 주위 사물에 대한 호기심을 갖고 유심히 관찰하는 습관을 갖는 것이다. 그러면 글쓰기에도 도움이 되고 두뇌에도 자극이 될 수 있다.

정신을 최고 상태로 유지하기 위한 방법은 많다. 독서, 토론, 바둑 등 두뇌게임 그리고 새로운 장소를 탐험하는 것, 새로운 일을 배우는 것, 새로운 마음으로 새로운 사람들을 만나는 것 등은 삶의 즐거움을 주고 두뇌활농을 자극한다. 자신의 두뇌를 매일 바쁘게 하라. 새로운 지적인 일을 배워라. 과거에 익숙했던 것과 전혀 다른 일을 하면 호기심이 생겨 효과가 배가된다.

인생은 '평생 공부'라고 하였다. 가장 중요하다. 자신이 가장 좋아하는 한 가지 분야에서 진지하게 공부하는 것이다. 자신이 관심 있는 분야에 대해서 최소 100권의 책을 읽고 공부를 해보자. 공부는 나에게 부담을 주는 것이 아니라 내 삶에 있어서 윤활유가 된다.

평생 공부한다는 마음가짐으로 하루에 10분이라도 꾸준하게 공부하는 습관을 만드는 것이 가장 중요하다. 필요한 것은 실천이다. 거창하고 교양 있는 전통이나 돈이 필요하지 않다. 스스로 배우고자 하는 열정이 필요할 뿐이다.

새로운 지식습득은 우리의 정신능력을 고양시킨다. 은퇴이후는 직장에서보다 더 창조적인 사고가 가능하다. 지적인 도전은 새로운 삶을 가능케 한다. 꿈은 이루어지는 것이다. 또 안 이루어지면 어떤가? 꿈이 있다는 자체가 아름다운 걸!

100세 시대 축복인가, 재앙인가

장수를 재앙이 아닌 축복으로 만들려면 각자가 어떻게 노후 준비를 해야 할까? 마지막 노후 40년을 시간적으로나 정신적으로 여유 있고, 즐기며 마무리할 수 있는 축복으로 만들기 위해서는 무엇을 준비해야 하나? 돈과 건강이 전부일까? 우리는 과연, 물질적인 풍요만으로 행복할 수 있을까?

1960년 우리 한국인의 평균수명은 52.4세였다. 그러던 것이 2008년에는 80.1세가 되었다. 조선시대 왕 27명의 평균수명은 46.1세였다. 2016년 기준 한국인의 기대수명은 82.4세(여자 85.4세, 남자 79.3세)이다. 이런 식으로 평균수명이 늘어난다면 우리나라 사람의 평균수명이 100세가 될 날도 멀지 않았다.

1974년 미국 펜실베니아대학의 경제학과 교수인 리처드 이스털린Richard Easterlin은 〈경제성장이 인간의 행복을 높여주는가〉라는 논문에서 "기본적인 욕구가 충족된 다음에는 경제성장이 인간의 행복을 반드시 높여주지 않는다"고 주장했다. 이는 기존의 생각과 배치된다는 의미에서 '이스털린 역설 Easterlin Paradox'이라고 불린다. 흔히 사람들은 경제가 발전하면 행복해진다고 믿는다. 과연 그럴까?

이제 여생餘生은 '남은 생'이 아니라 아름다운 여麗, 날 생生, 즉 '아름다운 생'이라는 의미로 바뀌어야 한다. 노후는 축복이다. 60년 동안의 세상살이 끝에 얻은 값진 휴식이다. 자신의 생을 의미 있게 정리할 수 있는 시간이기노 하다. 나는 내가 하고 싶은 일, 즐거운 일을 하니까 시간 가는 줄 모르고 지내고 있다. 경제적으로도 충분하지 않지만 아껴 쓰면 여유도 있다. 무엇보다 더 좋은 것은 시간이 충분하다는 점이다. 이보다 더 축복받은 일이 있을까?

우리 사회는 급속한 인구의 고령화로 인생 100세 시대를 맞고 있다. 이젠 인생 2막 준비는 선택이 아닌 필수가 됐다. 그렇다면 퇴직을 했거나 퇴직을 앞둔 40~50대는 무엇을 어떻게 준비해야 할까. 과연 나도 성공할 수 있을까? 이러한 질문에 우선 직면하게 된다. 왜냐하면 변해야 하는데 쉽지 않기 때문이다. 변화를 위해 뼈를 깎는 고통을 이겨내고 30년 이상 장수하는 솔개의 일생을 통해 무엇을 준비해야 하는지를 생각해보자.

솔개는 장수하는 조류의 하나로 알려져 있다. 최고 70년까지 수명을 누릴 수 있다고 알려져 있다. 이렇게 장수하려면 40세가 되었을 때 매우 고통스럽고 중요한 결심을 해야 한다. 솔개에게는 두 가지 선택이 있을 뿐이다. 그대로 죽을 날을 기다리든가 아니면 약 반 년에 걸친 매우 고통스러운 갱생과정을 거쳐 다시 사냥할 수 있도록 변신해야 한다.

갱생의 길을 선택한 솔개는 산 정상 부근으로 높이 올라가 그곳에 둥지를 짓고 머물며 고통스러운 수행을 시작한다. 먼저 부리로 바위를 쪼아 부리가 깨지고 빠지게 한다. 그러면 서서히 새로운 부리가 돋아난다. 그런 후 새로 돋은 부리로 발톱을 하나하나 뽑아낸다. 그리고 새로 발톱이 돋아나면 이번에는 날개의 깃털을 하나하나 뽑아낸다. 이렇게 약 반 년이 지나 새 깃털이 돋아난 솔개는 새로운 모습으로 변신하게 된다. 그리고 다시 힘차게 하늘로 날아올라 30년의 수명을 더 누린다.

이 이야기는 하나의 우화이다. 매년 연초가 되면 변화를 강조하며 신문지상에 종종 등장하기도 한다. 우리가 삶에서 원하는 진정한 변화는 선택과 실천 없이 그냥 오는 것이 아니라는 것을 알려준다. 이 우화는 나의 한계를 극복하고 새롭게 태어나려는 용기와 갈망을 일깨워준다.

모든 변화에는 고통이 따른다. 변화를 진정으로 원한다면 도전해볼 가치가 있지 않을까? 뼈를 깎는 고통을 이겨내야 30년을 더 살 수 있는 솔개처럼 우리도 100세 시대를 맞아 준비하고 변신해야 한다. 노후에 솔개처럼 고통을 감내할 필요는 없지만 능동적인 변화를 추구해야 한다.

자신의 인생을 차분하게 돌아보면서 나를 덮고 있는 단점들을 기꺼이 털어내려는 용기를 가져야겠다. 나는 이런 꿈을 가지고 있으며 인생 후반은 내가 원하는 꿈을 펼치며 살아가겠노라고 결심해야 한다. 내가 설계한 인생을 스스로 완성하겠다고 단호한 선택을 해야 한다.

인생에는 두 가지 기본적인 존재양식이 있다고 에리히 프롬은 말했다. 재산, 지식, 사회적 지위, 권력과 같은 '소유 중심'의 삶이 있고, 자신의 능력을 능동적으로 발휘하여 살아가는 기쁨을 느끼는 '존재 중심'의 삶이 그것이다. 소유 중심의 삶은 소유할 때 느끼는 행복만큼 잃어버릴 때 느끼는 불행도 감수해야 한다. 소유가 목표일 때, 소유하면 할수록 나는 점점 탐욕스러워질 수밖에 없다. 나의 욕망은 끝이 없기 때문에 나는 결코 행복해질 수 없다.

존재 중심의 삶은 잃어버린다는 개념이 존재하지 않는다. 소유 중심의 삶을 추종하면 할수록 인생이 피폐해진다. 반면 존재 중심의 삶을 살아가면 인생의 깊이가 더해지며 삶이 성장한다. 죽음에 대한 두려움보다 살아있는 모든 것을 긍정적으로 보게 된다. 오늘날과 같은 시대에 자기 존재에서 행복을 발견하는 삶이야말로 아름다운 삶이라고 할 수 있지 않을까, 스스로 자문해 볼일이다.

나는 어떤 삶의 방식을 택할 것인가?

나는 무엇을 통해 나의 인생을 표현할 것인가?

나는 무엇을 통해 어디에 가치를 두고 무엇을 기쁨으로 여기며 살아갈 것인가?

제4장 · 시간

명함을 내려놓고
온전히 당신을 만날 시간

싱싱한 고래 한 마리 같던 청춘이
잠시였다는 걸 아는 데는 그리 오래 걸리지 않는다

서른 지나 마흔 쉰 살까지
가는 여정이 무척 길 줄 알았지만
그저 찰나일 뿐이라는 게 살아본 사람들의 얘기다

- 오광수 〈세월이 가는 소리〉 중

가족과 함께하는 취미생활

가족은 있다는 것만으로도 행복이다. 우리 삶의 모든 행복을 증진시키기 위해 가족은 특히 중요하다. 가족 간의 친밀감을 키우는 데는 취미생활이 필요하다. 이는 관심을 기울여 배우면 된다. 가족 구성원 모두가 참여하고자 하는 의지만 있다면 얼마든지 가능하다.

원만한 가정이라면 가족 구성원 개개인의 목표가 모두 동일한 관점에서 존중되어야 한다. 하지만 가족간의 정서와 육체적 화합을 도모하기 위해서는 공동이 함께 즐길 수 있는 목표도 있어야 한다. 처음에는 낱말 맞추기 게임처럼 작은 것부터 시작하다가 점점 더 큰 목표를 정해가면 된다.

목표가 무엇이든 가족 모두의 취향을 고려해야 한다. 아들이 스케이트를 타고 싶은데 딸은 콘서트를 가고 싶다면 이번 주에는 스케이트를 타고, 다음 주에는 콘서트를 가면 모두가 만족할 수 있다. 무엇이든 몰입을 느낄 수 있는 활동을 할 때는 적절한

의사소통과 피드백이 매우 중요하다.

미국의 자동차 왕 헨리 포드Henry Ford가 고향에 내려가 작고 아담한 집 한 채를 지었다. 주위 사람들이 이렇게 말했다.

"돈이 아주 많을 텐데 왜 그렇게 평범하고 초라하게 집을 짓습니까? 조금 호화스럽게 짓지 그러세요."

그러자 그가 말했다.

"가족이 사는 집은 건물이 아닙니다. 아무리 작고 초라해도 사랑이 넘친다면 그 집은 가장 위대한 공간입니다."

함께 있다는 것만으로도 행복하고 미소 지을 수 있고 의지가 되는 것이 바로 가족이다. 피를 나눴기 때문이 아니라 살아가면서 닮아가는 또 다른 나의 모습이 바로 가족이다.

가족은 함께 가니까 행복한 것이다. 뼛속까지 파고드는 남극 대륙의 추위 속에서 황제 펭귄은 어떻게 추위를 이겨내고 살아남을까. 함께라서 가능하다. 수천 마리의 수컷 펭귄들은 서로의 몸을 비비며 체온을 유지한다. 그리고 번갈아가며 바람과 맞닿는 바깥쪽에 서는 사이 안쪽에 있는 펭귄들은 편히 쉰다.

기러기는 장거리를 이동할 때 V자 형태로 떼를 지어 날아간다. 맨 앞에서 나는 기러기의 날갯짓은 기류의 상승운동 효과를 가져와 뒤따라오는 기러기가 쉽게 날 수 있게 한다. 그리고 맨 앞 기러기가 힘들면 다음 기러기가 자리를 바꾼다. 함께 나는 게 참 아름답다!

취미라는 것이 젊고 바쁠 때는 있어도 그만 없어도 그만이라고 생각하기 쉽다. 하지만 나이가 좀 들다보면 취미 하나가 삶의 낙이 될 수도 있다. 새로운 목표가 되기도 한다. 아무리 여유가 없고 바빠도 지금 당장 취미 하나씩 꼭 개발해보라고 권하고 싶다. 특히 부부가 같이 한다면 금상첨화다.

금쪽같은 인생을 이대로 그냥 흘려보내기에는 너무 아깝지 않은가? 일주일에 한 번 아니면 한 달에 한 번이라도 자신만의 즐거움을 위해 시간과 노력을 쏟아보는 것은 어떨까? 노후에 부부가 같이 할 수 있는 취미를 갖게 되면 대화도 늘고 서로간의 이해도 깊어진다. 유대감도 깊어지기 때문에 행복한 노후생활을 할 수 있다.

"색소폰 연주 같이 해볼까?"

"당신이나 열심히 하셔."

"우리 색소폰동호회에 부부가 있는데 너무 좋아 보이던데."

"글쎄 나는 다른 걸 할 거야." 한 마디로 거절한다.

퇴직하면서부터 색소폰을 배우고 있다. 내가 가입한 색소폰 동호회에 같이 활동하는 부부가 있다. 나는 그 부부가 열심히 하고 행복해하는 모습이 부러웠다. 더군다나 노인정에서 봉사활동을 하고 오는 날에는 더없이 부러움을 느꼈다. 그래서 몇 번이나 더 권했지만 매번 거절당했다. 좀 더 일찍 시작했어야 했는데 하는 아쉬움이 남는다.

방송인 김혜영은 자신의 책《행복하기에는 여자의 인생은 짧다》에서 가족 전체가 이천 도자기 공방에서 즐기는 취미생활에 대해 쓰고 있다. 직접 빚은 그릇들이 집으로 배달된 순간의 기쁨은 경험해보지 않은 사람들은 모른다고 말했다.

"꾸준히 빚어온 그릇들이 이제는 무시할 수 없을 정도로 그릇장에 자리를 차지하고 있다. 그 그릇들을 가만히 보고 있노라면 절로 기분이 좋아진다. 주말이나 손님이 왔을 때 내가 만든 도자기그릇에 담아내기만 하면 근사한 칭찬을 들었다. 그럴 때마다 딸아이가 대신 나서서 한마디 거든다."고 김혜영은 말했다.

"이거 엄마랑 제가 직접 빚은 그릇들이에요."

그는 이렇게 말했다. "남편과 아이들이 함께 이천으로 가는 길은 박하사탕처럼 싸한 활력소가 됐다. 그릇을 빚으러 이천에 다니는 사이에 생활태도에도 큰 변화가 생겼다. 내가 좋아서 하는 취미생활이 생활에도 큰 활력이 생기고 세상까지 달라보였다."

은행원이었던 K씨는 현직에 있을 때부터 분재와 붓글씨에 조예가 깊었다. 정년퇴직하면서 청주시 낭성면에 분재농장을 운영한다. 일주일에 4~5일은 약속을 잡을 수 없을 정도로 바쁘게 취미생활과 배움에 열중이다. 창고를 작업실로 활용하고 있다. 부인도 민화를 배워서 작품을 작업실에 전시해 놓았다. 청주 예술의 전당에서 개인전을 개최할 정도로 수준 높은 취미생활로 노후의 즐거움을 만끽하고 있다.

60은 도착점이 아니라 출발점이다. 60이라고 회갑잔치를 하는 사람을 찾아보기 어렵다. 직장일 말고 자기가 하고 싶었던 일은 누구에게나 있는 법이다. 여러 취미생활도 있고 스포츠 등 얼마든지 있다. 왕성한 호기심을 갖고 사는 것이야말로 젊게 사는 비결이다. 테마를 정하고 흥미를 갖기 시작하면 알고 싶고 조사하고 싶은 것이 많아져 시간이 부족하게 마련이다.

인생에 은퇴는 있을 수 없다. 즐거운 인생이 기다리고 있지 않은가. 정년 후엔 하루 24시간을 구속 없이 자기 마음대로 쓸 수가 있다. 60이후 값비싼 인생에서 가장 중요한 골든 에이지 (Golden Age, 황금시대·황금세대)를 만드느냐의 여부는 본인의 마음가짐에 달려 있다.

아름답게 늙는 데 육체적 건강은 절대적 전제조건이 되나 이 것만으로 이루어지는 것은 아니다. 라이프워크(Life Work, 자신의 일생을 걸고 좇는 테마)가 될 만한 취미, 취미가 될 만한 라이프 워크를 가지고 있을 때 가능하다. 라이프워크가 될 만한 취미를 가지고 있는 사람에게 노후는 겁나고 어두운 시기가 아니다. 충실하고 보람 있는 생활이다. 언제나 정다운 벗과 동행하고 있어 외롭지 않다.

취미는 어느 정도 높은 수준에 도달했을 때 비로소 취미의 진수를 알게 된다. 사회에 기여하기도 하고 나아가서는 수입이라는 소득까지도 얻을 수 있다. 정년 전 청·장년기부터 취미를 하나의 라이프워크로 정해놓고 정진해 온 사람은 노후에도 그대로 연장선상에서 즐겁게 지낼 수 있다.

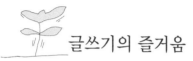 글쓰기의 즐거움

은퇴자들이 가장 두려워하는 것 중의 하나가 지적 능력상실
이다. 기억력이 현저히 떨어지거나 심각한 치매를 앓는 등 노쇠
(老衰,Frailty)로 인해 지적 능력을 상실하는 것이다. 생각하기만
해도 끔찍하다. 이러한 불행을 피하려면 노년기에도 왕성한 호
기심을 가지고 두뇌를 활발히 움직여 주어야 한다. 이렇게 하면
뇌기능이 활성화되어 오랫동안 지적 능력을 유지할 수 있다. 지
적 능력상실을 예방하는 가장 좋은 방법 중 하나는 '글쓰기'와
'독서'라고 할 수 있다.

글을 쓰는 노년은 외로움과 멀어진다. 외롭지 않다. 혼자 있
을 때도 메모를 하거나 글을 쓰고 글 쓸 소재를 찾게 되기 때문
이다. 무료한 시간을 보내기에 글을 쓰는 것처럼 좋은 일이 없
다. 노년에 외롭지 않으려면 글쓰기를 배워둬야 한다.

아들이나 며느리, 손자에게 말을 많이 하면 잔소리로 들린다.
하지만 말을 하는 대신 글로 써서 보여주면 엄청나게 고상한 노

인으로 존경받을 수 있다. 글을 쓰면 노년의 외로움과 무력감을 달랠 수 있다. 글을 쓰는 사람들에게는 정년이 없는 평생 현역이기 때문이다.

죽을 때 남기는 유언은 사실상 제대로 이루어지기 어렵다. 죽음을 앞두고 제대로 말을 할 수 없는 까닭이다. 정신이 멀쩡할 때 하고 싶은 이야기를 글로 써두면 세상을 떠날 때 아름다운 죽음을 준비할 수 있다. 또 살아생전 책을 써두면 집안의 문집이 되어 후손에게 전달될 수 있기 때문이다.

'청계학파'라는 말이 있다고 한다. 서울 청계산에 가면 정년 퇴직한 사람들이 등산 후에 정치, 경제, 사회 등 각종 현안을 가지고 토론하는 모습을 쉽게 볼 수 있는데 이들을 일컫는다. 요즘에는 젊은 퇴직자들이 늘어나면서 어느 산에 가더라도 이들을 쉽게 볼 수 있다. 만일 이들의 토론을 글로 적을 수만 있다면 얼마나 좋을까.

나는 글쓰기를 시작하면서 노년이 두렵지 않다. 할 일을 발견한 까닭이다. 노인에 관한 연구를 하고 글을 쓰는 일을 생각하면 설레기까지 한다. 20세기 현대 경영학의 아버지로 불리는 피터 드러커Peter Drucker 교수는 96세로 세상을 떠나기 전까지 글을 쓴 것으로 유명하다. 나도 죽을 때까지 글을 쓰기로 했다.

미래의 CEO와 전문가인 젊은 직장인들도 글쓰기와 책 쓰기가 최고의 자기계발임을 인식하고 깊은 관심을 가져봄 직하다. 당신이 원하는 꿈을 생생하게 상상하고, 간절히 바라고, 굳게 믿고, 열의를 다해 행동하면 그것이 무슨 일이든 반드시 이루어진다.

중학교동창인 J는 신문사에 다니다 고향으로 내려왔다. 시인으로 등단도 했다. 고향의 향토사 연구와 독립운동가 발굴에 몰두하고 있다. 아내도 같이 활동하고 있다. 옥천에는 정지용 생가와 박정희 대통령의 영부인이신 육영수 여사의 생가가 있다. 옛날 삼국시대에는 고구려, 백제, 신라의 접경지역으로 군사적 요충지였다. 백세 26대 성왕이 전사한 곳이다. 임진왜란 때 금산 전투에서 순국하신 조헌 선생의 묘소가 옥천에 있다. 이러한 고향의 향토사를 연구해서 책을 출간하기도 했다. 고향에 대한 시를 써서 시집도 발간했다.

친구가 부러웠고 시를 쓰고 책을 쓰는 것이 나하고는 거리가 먼 남의 일로만 여겨졌었다. 책을 쓴다고 가족들에게 선포한 이후로 달라진 나의 모습에 아내도 달라지고 글을 쓰는 것 같다. TV만 열심히 보던 아내가 독서를 하고 종이에 무엇인가를 쓰는 시간이 많아졌다.

내가 매일 책상에 앉아 무엇인가를 쓰고 있으니까 아내가 궁금했나 보다.

"뭘 그렇게 열심히 해?"

"글쓰기, 책을 써볼까 하고."

"책을 써?"

어이없어 하는 표정이다.

"왜? 나는 책을 쓰면 안 돼?"

"당신도 한번 써 볼래."

나는 이면지에 결혼한 1981년부터 2018년까지 연도표시를 해서 40여 장의 종이를 아내에게 주었다. 즐거운 추억이나 에피소드Episode를 써보라고 했다.

"당신이나 써." 하면서 쳐다보지도 않는다.

어느 날 보니 뭔가를 쓰고 있었다.

"어? 지금 쓰고 있는 거야?"

"응, 벌써 다섯 장이나 썼는 걸!"

나는 글쓰기에 있어서는 자신이 없는 사람 중의 한 명이다. 글쓰기가 중요한 것은 자신의 시간을 오롯이 정리하고 생각의 힘을 기를 수 있기 때문이다. 처음 써보는 원고라 글을 써가는 과정이 쉽지 않다. 글쓰기를 좀 더 효과적으로 잘할 수 있는 방법은 없을까? 이런저런 고민을 해봐야 소용없다는 사실을 곧 깨달았다. 쓰지 않으면 고민할 것도 없었다. 글을 쓰면서 잘 쓰는 법은 오로지 쓰는 것 외에는 방법이 없다는 사실을 통감했다.

글을 써가면서 관습적인 것들을 의식하지 못하고 살아온 나를 발견할 수 있었다. 익숙한 것에 반응을 보이지 않던 내 자신이 글을 쓰면서 의미를 찾기 시작했고, 일상 곳곳에 글이 될 이야기들이 감춰져 있다는 것을 알게 되었다. 사소해 보였던 일이라도 관심을 두자 문제들이 보였다. 쓰는 건 결코 우연의 산물이 아니다. 오랜 시간 내 속에 쌓여온 번뇌와 고민의 산물이다.

일단 써라! 될까? 라는 의심을 무시하라! 되든 안 되든 시작해

보겠다는 정신력으로 덤벼라! 착하고, 정직하고, 솔직하게 써라.

뇌 건강은 힐링의 첫걸음이다. 과거 과학자들은 인간의 뇌세포가 하루 10만 개씩 죽는다고 강조했다. 나이가 들수록 뇌의 기능이 퇴화한다. 하지만 최근 들어 인간의 뇌가 생각보다 훨씬 더 탄력적인 장기라는 사실이 밝혀졌다. 기억력과 판단력도 단련시킬 수 있다. 60세든 70세든 뇌세포는 쓰지 않아서 녹슬었을 뿐 사용하면 다시 든든해질 수 있으며 얼마든지 젊어질 수 있다고 한다.

인간의 기억력은 60세 이후에도 단련시킬 수 있다. 얼마나 다행인가. 정신을 긴장시키고 시간을 의미 있게 보내는 방법으로 독서보다 더 좋은 것은 없다고 한다. 지적 능력을 향상시키는 데 있어서 독서는 필수다. 독서는 뇌세포뿐만 아니라 정신도 단련시켜 준다.

은퇴 후 시간적으로 여유가 많은 이들에게는 독서야말로 매우 유용한 두뇌건강법이라고 할 수 있다. 은퇴 후에 남성들은 텔레비전 앞에 앉아 있는 시간이 많아진다. 전에는 아내들이 즐겨보던 드라마를 이제 남편들이 더 즐겨본다고 한다. 텔레비전만 쳐다보는 여생餘生은 너무나 안쓰럽다.

'나는 생각한다. 그러므로 나는 존재한다'는 말로 유명한 프랑스의 르네 데카르트René Descartes가 "좋은 책을 읽는 것은 과거 몇 세기의 가장 훌륭한 사람들과 이야기를 나누는 것과 같다"고 말한 것은 독서의 중요성을 의미한다.

"TV를 거실에서 치우면 안 될까?"

"왜?"

"이제 둘만 남았는데 거실을 카페 같은 서재로 꾸며보면 어떨까?"

"나부터 먼저 버리셔~."

아내의 반발이 의외로 강경하다.

"소파에서 책보는 것보다 테이블에서 책보는 것이 편할 텐데. 차 한 잔 마시면서 서로 대화하는 시간도 많아지고 좋을 것 같은데!"

아내는 들은 척도 안 한다.

'삼식이' 처지에 아내의 눈 밖에 나면 나만 손해다. 우선은 한 발 후퇴하고 다음 기회로 미루었다.

어떻게 읽을 것인가? 일 년에 100권을 읽자고 결심했다. 우선 200권의 인문 독서목록을 만들어 보았다. 알라딘 중고서점에 갈 때마다 도서를 구입했다. 40여 권을 구입했다. 10여 권 정도 읽은 것 같다. 읽지 않은 책만 쌓이기 시작했다. 100권을 읽어야 한다는 부담감도 생기기 시작했다. 다독만이 좋은 것일까? 자신의 수준에 맞는 독서를 해야 되지 않을까?

다독多讀의 중요성을 이르는 말로 남아수독오거서* 男兒須讀

---

* 남자는 모름지기 다섯 수레 분량의 책을 읽어야 한다는 말. 중국의 시인 두보가 남긴 말이다.

五車書, 한우충동* 汗牛充棟이라는 말이 있다. 남아수독오거서는 현대로 말하면 3천 권의 책을 읽어야 함을 말한다. '문사철 文史哲 600'이라는 말도 있다. 문학책 300권, 역사책 200권, 철학책 100권을 의미한다. 사람이 사람다우려면 그만큼 독서를 많이 해야 한다는 가르침이다.

요즘 힐링이 열풍이지만 독서야말로 힐링에 큰 역할을 한다. 나이가 들수록 쉽게 감동하고 범사에 감사하고 마음이 편해야 건강하다. 독서 말고 무슨 방법이 또 있을까? 조용한 카페에 차 한 잔 시켜놓고 책을 펼쳐보라. '이보다 좋은 힐링이 없구나!' 하는 걸 느낄 수 있다. 책방에서 몇 권을 골라 가방에 넣는다. 가슴이 설렌다. 최고의 힐링이다.

• 수레에 실어 운반하면 소가 땀을 흘리게 되고 쌓아 올리면 들보에 닿을 정도의 양이라는 뜻으로 책이 많음을 이르는 말이다.

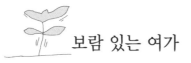

보람 있는 여가

은퇴생활의 전체적인 질質은 여가餘暇를 얼마나 효과적으로 활용하느냐에 달려 있다고 할 수 있다. 도전적이고 생산적인 활동을 할 줄 아는 사람에게 여가시간이 많다는 것은 반가운 일이다. 여가와 자유가 많으면 삶이 더 행복해질 수 있다. 풍부한 여가는 삶의 소중한 원천이다.

여가를 정신계발의 한 수단으로 사용하기로 한 사람들, 멋진 음악과 좋은 책, 멋진 그림, 좋은 연극, 정겨운 친구와의 흐뭇한 대화를 사랑하는 사람들, 이들은 누구인가? 이들은 다름 아닌 세상에서 가장 행복한 사람들이다.

늘어난 여가시간으로 은퇴자가 얻을 수 있는 혜택은 무엇일까? 여가에도 소질이 없다면 삶에도 소질이 없는 것이다. 중요한 것은 삶을 전체적으로 재검토해 자세나 태도를 바꾸는 일이다. 노후에는 과거와 다른 새로운 삶의 자세나 태도가 필요하다. 자꾸 잘 나가던 과거 얘기를 꺼내거나 생각조차 하지 말아야 한다. 그래야만 육체적, 정신적으로 더 건강하고 행복하게 살 수 있다.

은퇴한 후 여가를 어떻게 효과적으로 보낼 것인가? 어떻게 하면 행복하게 살 수 있을까?

백수라고 다 똑같은 백수는 아니다. 백수에도 계층이 있다. 퇴직 초기에는 현직 때보다 더 바쁘다. 이러한 백수를 '화백'이라 부른다. 화려한 백수다. 하지만 정작 자신의 삶의 의미나 가치로 다가오지 못한다.

다음으로 '반백'의 단계로 화백 정도는 아니지만 스케줄에 어느 정도 여유가 생기는 시기이다. 최종단계는 '마포불백'이다. '마누라도 포기한 불쌍한 백수'라는 뜻이다. 나도 조금은 경험했다. 아내는 이렇게 말했다.

"나는 전생에 공주였다는데."

"아무렴, 황후마마로 모셔야지!"

이젠 설거지와 청소기는 내 담당이다. 요리학원도 다녀야 하지 않을까?

나이는 먹었더라도 의미 있는 활동을 하자! 자신의 존재가치를 증명하고 자존감을 유지하는 활기찬 삶을 지향해야 한다. 현직에 있을 때의 추억은 과감히 벗어 던지고 내가 좋아하는 즐거운 한 가지에 흠뻑 빠져 보자. 적어도 '마포불백' 대열에 합류하는 불상사는 있어서야 되겠는가? 나는 글쓰기에 소질이 없지만 재미있고 신난다. 독서와 글쓰기에 하루가 어떻게 지나가는지 모르겠다.

은행원으로 정년퇴직한 Y씨가 있다. 최근에 수필가로 등단했다. 현직에 있을 때부터 글쓰기에 남다른 소질이 있어 신문에 정기적으로 기고를 했었다. 동시작가로 이미 등단했고 동시집을 출간했다. 에세이집을 이미 두 권이나 출간을 했다.

그뿐만 아니라 경제학 박사학위를 취득하여 모교에서 특임 교수로 후배들을 가르치고 있다. 또한 첼로를 배워서 정년퇴임 식 때는 직접 연주를 했다. 부러웠지만 동시에 Y의 행보가 동기 부여가 된 것도 분명했다.

여가를 이용하지 않는 사람에게 여가는 없다. 한가롭게 텔레 비전 시청에 빠져 있다든지 하는 사람은 가엾은 사람이다. 여가 란 유용한 데 사용하기 위한 시간이다. 100세까지 사는 것이 문 제가 아니라 인생은 소중한 것이고 죽는 날까지 가치 있게 살 수 있어야 한다.

여가를 활용해서 자격증을 따는 것도 좋지만 자신이 좋아하는 분야를 갈고 닦아 전문가 수준으로 끌어올리는 게 더 중요하다. 좋아하는 분야라면 비용과 시간이 들더라도 꾸준히 할 수 있다. 앞으로는 한 가지 직업으로 평생을 사는 것이 힘들게 되었다. 평 생 현역을 바란다면 일찍부터 능력을 다양화하는 것이 필요하다.

능력의 다양화는 긴 인생의 지루함을 극복하는 데 도움이 된 다. 종신고용의 시대에는 한 직장에서 일하는 것이 가능했다. 이제는 자신이 좋아하는 일을 찾아 다양한 능력을 개발하는 것 이 필요하다. 오늘날처럼 급변하는 사회에서는 다양성이야말 로 생존전략이다. 다양하게 관심을 기울이는 것이다.

"당신의 삶에서 기쁨을 발견했는가?"

"당신의 삶이 누군가를 기쁘게 했는가?"

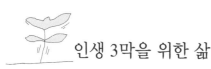

인생 3막을 위한 삶

취미생활, 교육, 봉사 등 은퇴 이후에도 얼마든지 할 수 있는 일들은 많다. 또 기회도 점점 늘어나고 다양해지고 있다. 지금 이대로 당신의 인생을 끝낼 수는 없지 않은가? 새로운 도전에 나이는 상관하지 마라. 환경을 탓하지도 마라. 지금까지 살아온 인생 1막과, 인생 2막을 과감하게 걷어내고, 새로운 인생 3막을 시작하라. 지금도 늦지 않았다.

해마다 신년 초에는 계획을 세운다. 대부분 계획으로만 남는다. 나는 1997년 44살 늦은 나이에 야간대학에 입학했다. 대학을 졸업하는 것이 평생의 꿈이었다. 이때부터 소형 수첩 첫 장에 금년에 할 일 10여 개를 적기 시작했다. 수시로 수첩을 봤다. 생각날 때마다 새로운 목표를 추가하기도 했다. 지금도 20년 넘게 계속해오고 있다.

대학졸업이 목표였던 꿈에서 경영학 박사학위까지 취득할 수 있었다. 그것은 수첩에 적은 내용을 수시로 보면서 다짐했기 때문에 가능했다. 겸임교수까지 할 수 있었다. 이제 다시 수첩에 글쓰기와 책쓰기를 적고 있다.

《배우고 익히면 즐겁지 아니한가?》라는 책을 읽었다. 나이 57세면 사회에서 은퇴하는 시기다. 그런데 주인공 사토 도미오佐藤富雄씨는 다시 대학에 들어가 경제학 학사와 MBA를 취득했다. 이어 60대에는 의학, 이학, 농학 등 세 분야에서 박사학위를 취득했다. 이어서 사진학과에 입학해 사진에 대해 본격적으로 공부하기 시작했다.

그의 인생이 활짝 피기 시작한 시점은 70대에 들어서다. 수많은 책을 냈고 강연을 위해 전국을 누비며 인생의 황금기를 제2의 전성기로 만들었다. 바다가 보이는 곳에 집을 지었다. 도쿄 집과 홋카이도 별장을 오가며 인생을 즐기고 있다. 80세가 되면 영국 런던으로 유학을 떠날 계획을 짜고 있다.

주인공이 이처럼 노후에 새롭게 공부를 시작한 명분도 설득력이 있다. 수명이 연장되면서 인생의 정점이 50대가 아니라 70대로 높아졌기 때문이다. 70대 전성기를 위해 인생 후반전을 새롭게 다듬을 필요가 있다. 시작하는 것만으로도 설레는 인생이 펼쳐진다.

자녀를 위해 살아왔던 내 삶에서 나를 위한 삶으로 전환하여 의미 있는 후반전을 보낼 멋진 계획을 세우는 일이다. 내가 아직 살아 있는 동안 헛되이 살아야겠는가?

이제까지의 삶을 전체적으로 재검토해 자세나 태도를 바꾸는 일이다. 이제는 과거와 다른 새로운 삶의 자세와 태도가 필요하다. 그래야 우리가 육체적·정신적으로 더 건강하고 행복하게 살 수 있다. 당신은 어떤 변화도 없을 때 여전히 활력을 유지할 수 있다고 보는가? 갑자기 병이 들거나 끔직한 사건을 겪어야만 변화를 생각하지는 않는가?

인생의 전환점에서 필요한 것은 생각이 아니라 열정이다.

10년 후에 나는 어떻게 되어 있을까?

20년 후에 나는 어디에서 무엇을 하고 있을까?

이런 의문을 가지고 인생계획표를 짜도록 하자. 10년 후 자신의 모습을 그려보자. 한 달 후에 명예퇴직하는 같은 부서에서 근무했던 후배들을 만났다.

"퇴직하면 뭐할 거야?"

"글쎄요."

나도 그랬듯이 다들 이렇게 대답한다. 지금이라도 늦지 않았으니 새로운 목표를 세워보라고 말했다. 하지만 귀담아 들으려 하지 않는다.

내가 말했다. "그동안 남을 위해 살았으니 앞으로는 나를 위한 삶을 살아보고 싶다."

"어떤 일을 할 건데요?"

"색소폰을 연주하고 있는데 앞으로 글을 쓰고 책도 출간하고 싶다."

C는 아코디언을 교회에서 연주하고 봉사하며 농사일을 하고

있다.

"나도 글을 종종 쓰고 있는데 이 세상에 쓰레기를 남길까봐 책은 못 쓰겠다."

"건강하려면 머리 쓰는 일과 육체적인 일을 같이 해야 한다."

어떤 목표를 세워야 할까? 내가 원하는 일이 무엇일까? 지금까지 내가 하는 일이 재미있었을까? 나 자신 스스로 주인이 되려면 자신을 철저히 알아야 한다. 내비게이션이 있다면 목표지점에 더 쉽게 빨리 도착할 수 있다. 자신이 가고자 하는 목표지점을 확실히 선택해 놓아야 한다.

목표가 세워졌으면 실천방법을 구체적으로 세워야 한다. 그렇다면 어떻게 하는 것이 목표를 제대로 실천하는 것이 될까. 할 수 없는 일 때문에 할 수 있는 일조차 망치는 일이 없도록 조심해야 한다. 자신의 능력을 제대로 알지 못하기 때문이다. 가슴에 손을 얹고 물어보자.

내가 아는 것은 무엇인가?

자신이 하고자 하는 일에 대해 알고 있다고 자신 있게 말할 수 있는 것이 몇 개나 되는가?

아는 것과 모르는 것을 깨닫는 일은 매우 중요하다. 내가 얼마만큼 아느냐에 따라 그 일에 성패가 갈릴 수 있기 때문이다. 공연한 오기傲氣나 허세虛勢와 고집으로 무리한 계획을 짠 것은 아닌가, 다시 한 번 생각해 보아야 한다.

모른다는 것과 할 수 있다는 것을 인정할 때 배움의 길이 열린다. 자신의 길을 넘어설 수 있다. 자신의 능력을 아는 사람은 과욕을 부리지 않는다. 배움의 자세로 성실한 삶을 살게 된다. 대부분의 실패는 자신의 능력을 알지 못하고 일을 시작하기 때문이다. 이제부터라도 그런 실패의 길을 걷지 말아야 한다.

나는 40년을 한 직장에서 생활했지만 아쉬움이 남는다. '당신이 가장 잘하는 영역이 무엇이냐?'라고 물으면 자신 있게 대답을 하지 못한다. 나만의 '필살기必殺技'를 만들지 못했다. C대학에서 겸임교수로 10여 년을 가르치고 있지만 전문가라고 자신하지 못한다. 어느 한 부분에 몰입하지 못한 탓이다. 내가 좋아하고 잘할 수 있는 분야에 몰입하고 열정을 쏟아 부어야 하지 않을까? 지난 10여 년을 한 분야에 몰입할 걸 이제 와서 후회한들 무슨 소용 있나.

은퇴 후 시간은 무궁무진

많은 사람들이 은퇴 전의 고달픔을 은퇴 후 보상받으려 한다. 해외여행도 다니고 골프도 실컷 치고 편안하게 지내겠다고 막연한 은퇴 후 계획을 세운다. 실제로 얼마나 계획을 달성하고 있는가?

은퇴 전에는 여가를 보내는 데 시간이 없어서 문제라고 말한다. 은퇴 후에는 여가만으로 시간을 보내기에는 시간이 너무 많아 장애가 된다. 은퇴를 앞둔 사람들은 아무것도 하지 않고 편안히 지내는 것이 은퇴생활의 전부라고 믿는 사람들이 많다.

60세에 은퇴해 90세까지 생존한다면 30년이라는 노후생활이 주어진다. 이 많은 시간을 즐기기만 하면서 보낸다는 것이 현실적으로 가능할까? 매일 놀면서 보내면 환상적인가? 정말 일주일 내내 놀면서 30년을 보낼 수 있을까?

멋지게 놀기보다는 의미 있는 삶이 더 중요한 은퇴 후 삶이다. '화향천리행花香千里行 인덕만년훈人德萬年薰'이라는 중국 시인의 말이 있다. 천 리를 가는 꽃향기보다는 만 년 동안 향기로울 수 있는 덕을 베푸는 삶이 되도록 은퇴 후 생활을 설계하고 실천해보면 어떨까.

60세에 정년퇴직했을 때 90세까지 30년의 세월이 덤으로 주어진다. 30년을 시간으로 환산하면 26.3만 시간(30년×365일×24시간=262,800시간)이다. 이 가운데 밥 먹고 잠자는 생리적인 시간으로 하루에 14시간을 쓴다면 모두 15.8만 시간이다. 나머지 11만 시간은 온전히 자유시간이다. 엄청난 시간이 아닐 수 없다. 이 시간을 무엇을 하며 지낼 것인가? 말 그대로 '11만 시간의 공포'라고 할 수 있다. 11만 시간이 얼마나 긴 시간인가.

학습과 일이 제1, 제2 인생의 목적이었다면 제3의 인생에서는 즐거움을 찾는 일을 우선시 할 수밖에 없다. 시간 가는 것을 잊게 할 정도로 즐거우면서 자기 자신을 찾을 수 있는 유일한 활동이 취미생활이다.

사실 취미를 가지면 좋은 것은 '시간을 지루하지 않게 보낼 수 있다'는 차원만은 아니다. 최근 의학연구를 통해서 음악이나 카드놀이, 퍼즐 맞추기 등 두뇌를 쓰는 레저 활동이 뇌의 노화를 막는 데 큰 역할을 한다는 사실이 알려져 있다. 과거에는 태어날 때부터 생성된 뇌세포를 평생 사용하며, 나이 들면서 뇌세포가 죽는다고 알려졌으나 최근 뇌세포도 재생이 된다는 사실이 밝혀졌다.

90세까지 산다면 60세 은퇴 후 11만 시간을 어떻게 보낼 것인가? 어마어마한 시간이 기다리고 있다. 11만 시간은 48년간 직장에서 일하는 시간과 맞먹는다. 100세까지 산다면 72년간 직장에서 일하는 시간에 해당하는 후반 인생을 보내야 한다.

예술과 인생을 논하는 이야기 중에서 가장 친숙한 말은 히포크라테스Hippocrates가 남긴 '예술은 길고 인생은 짧다'이다. 그러나 지금처럼 오래 사는 시대에는 이 말도 바뀌어야 하지 않을까? '예술도 길고 인생도 무지무지하게 길다'로 말이다.

많은 사람들이 돈만 있으면 행복한 노후는 저절로 따라올 거라 생각한다. 안타깝게도 현실은 전혀 그렇지 못하다. 다니던 회사를 그만두게 되면 먹고 살 일도 걱정이지만 당장 무엇을 해야 할지 더 걱정이다. 남는 시간을 어떻게 보내야 할지가 엄청난 고민이다.

은퇴한 분들은 골프 치러갈 때 하루 종일 걸리는 먼 골프장으로 간다. 남아도는 시간을 처리하는 방법이다. 젊을 때는 시간이 없어서 허덕이는데 은퇴 후에는 시간이 남아돌아 곤혹스럽다. 가족과 보내는 시간이 많아졌지만 정작 가족은 나의 시간을 별로 필요하다고 생각하지 않는다.

노후시간에도 배분전략이 필요하다. '닥치는 대로 하면 되지' 이런 생각을 갖고 있으면 긴 세월 집에서 TV만 붙잡고 살게 된다. 소파에 앉아 TV만 시청하는 남편을 '가구家具'로 묘사하기도 한다. 가구로 살아갈 텐가?

은퇴 후 하루의 대부분을 TV나 보며 소일하면서 인생이 왜이다지도 지루하고 재미없냐고 불평할지도 모른다. 자신의 내면을 깊이 들여다보면 그 지루함의 원인이 나 자신임을 깨닫게 된다. 성공적인 은퇴생활의 가능성은 TV 시청시간에 반비례한다. TV시청은 결코 충족감을 주지 못한다. 귀중한 시간을 야금야금 잡아먹는다.

무엇보다 TV보는 시간에 자신의 전문성과 기술계발에 투자해야 한다. 한 가지 일에 1만 시간을 집중하면 전문가 반열에 오른다고 한다. TV보는 시간의 3분의 1만 자신이 좋아하는 일에 투자한다면 전문가가 될 수 있다. 더군다나 '소파에 앉아 오랜 시간 텔레비전을 보면 수명이 8년이나 줄어들 수 있다'고 한다. 이 얼마나 충격적인 사실인가.

은퇴 후 한가하게 책을 읽고 산책을 하고, 명상에 잠기는 사람은 그만큼 여유롭고 행복한 삶을 사는 것이다. 행복을 추구하는 일도 중요하지만 행복을 누릴 자격을 갖춘 사람이 되는 것이 더 중요하다. 사랑하는 가족들과 다감한 친구들과 커피 한잔, 마음 맞는 사람들과의 한 끼 식사, 여유롭게 대화할 수 있는 여유를 가져보면 어떨까.

남편의 시간을
아내에게 투자하라

너무 많이 짜진 연고를 나누어 바르는 사이이다
남편이 턱에 바르고 남은 밥풀 꽃만 한 연고를
손끝에 들고
어디 나머지를 바를 만한 곳이 없나 찾고 있을 때
아내가 주저 없이 치마를 걷고
배꼽 부근을 내어 미는 사이이다
그 자리를 문지르며 이달에 너무 많이 사용한
신용카드와 전기세를 문득 떠올리는 사이이다

- 문정희 〈부부〉 중

집안이 평안해야 노후도 편안하다

은퇴 이후에 놀라운 지각변동을 어떻게 받아들여야 할까. 노후에 행복한 삶은 부부가 같은 취미를 갖고 생활하면 더 없이 좋다. 노후에 의존할 곳이라곤 부부뿐이다. 자식들도 부부만 하겠는가. 특히 남자는 아내와의 관계가 무엇보다도 중요하다.

"어디 가?"

"친구 만나러."

오전 11시경 아내는 외출준비를 하고 집을 나선다.

"나는 점심을 어떻게 해결하나? 점심이나 차려주고 나가지. 지금 나가는 거야?"

"친구와 약속인데, 어떻게 해?"

퇴직하고 처음 당하는 생각하지 못했던 아내의 행동이다. 저녁에 아내와 다퉜다. 본전도 찾지 못했다. 하지만 나는 컵라면 이외는 요리를 해본 적이 없으니 앞으로 난감한 일이 반복될 것 같다. 이제는 혼자 사는 법을 배워야 할 것 같다.

나는 아내로부터 구박은 받지 않을 것 같다. 착각일지 모르겠지만, 내 핸드폰에는 아내를 '황후마마 보물 1호'라는 이름을 언제부터인가 사용하고 있다. 아들은 '왕자마마 멋진 아들' 딸은 '공주마마 예쁜 딸'이라는 이름을 사용한다. 아내를 황후로 대접해주면 나도 황제로 대우해주지 않을까 해서다. 우연히 아내의 핸드폰을 보니 '평생 내 짝꿍'이라고 되어 있지 않는가!

"다시 태어나면 나하고 살 거야?" 하고 물어 보았다.

"내가 왜?"

"꿈도 야무져." 라는 핀잔을 들었다.

하지만 지금 나는 행복하다. 황혼이혼을 당할 염려는 없을 것 같으니까! 이것도 착각일까.

안락한 은퇴생활을 위해 가장 필요한 것은 무엇일까. 바로 가족, 그 중에서도 배우자이다. 길고 긴 인생을 함께 즐기고 행복하게 지내는 노후가 가장 바람직하다. 그렇다면 언제나 배우자를 존중하고 '마음의 끈'을 놓지 말아야 한다.

마음의 끈이란 항상 관심을 기울이고 노력해야만 연결되는 예민한 성격을 지녔다. 몇 년이고 방치해 두었다가 어느 날 '이제부터 우리 관계를 다시 회복하는 거야'라고 선언한다고 해서 다시 생겨나는 그런 관계가 아니다.

대학원 수업이 끝날 무렵 노교수가 결혼한 한 여학생에게 말했다. 앞에 나와서 좋아하는 사람 20명의 이름을 칠판에 써 보라고 했다.

여학생은 시키는 대로 가족, 친척, 이웃, 친구 등 20명의 이름을 적었다. 그런 다음 교수는 여학생에게 그 이름 중에 별로 중요하지 않은 사람 하나를 지우라고 했다. 여학생은 이웃의 이름을 지웠다.

교수는 또 한 사람을 지우라고 했다.

여학생은 동료의 이름을 지웠다. 결국 칠판에는 그녀의 부모와 남편, 그리고 아이 이렇게 네 사람만 남게 되었다.

교실은 쥐 죽은 듯 조용해졌다. 다른 학생들도 말없이 교수를 바라보았다. 교수는 여학생에게 또 하나를 지우라고 했다.

여학생은 망설이다 부모 이름을 지웠다.

교수는 다시 또 하나를 지우라고 했다.

한동안 멍하니 있던 그녀는 아이 이름을 지우면서 눈물을 흘리기 시작했다. 한참 후 눈물을 그친 여학생에게 교수가 물었다.

"자네를 낳아준 부모님과 자네가 낳은 자식을 왜 지웠으며 피 한 방울 섞이지 않은 그리고 맘만 먹으면 다시 구할 수 있는 남편을 가장 소중한 사람으로 남겼는가?"

모두가 숨을 죽인 채 여학생의 대답을 기다렸다. 여학생이 대답했다.

"시간이 흐르면 부모님은 먼저 돌아가실 겁니다. 아이 역시 다 자라면 제 품을 떠날 게 분명하니까요. 그렇게 보면 평생 옆에서 저와 동반자가 되어줄 사람은 저의 남편밖에 없어요."

"그렇습니다. 남은 시간은 부부가 함께 가야 할 길입니다. 서로 의지하고 아끼며 가야 할 길이죠. 지금 내 곁에 있는 사람을 사랑하고 아끼시기 바랍니다."[*]

나이가 들면 돈이 있어도 외롭다는 사람들이 많다. 돈으로 맺어지는 인간관계에서 깊은 정서적인 교류를 느끼기에는 한계가 있다. 이익관계가 아닌 사람들과의 인간관계가 중요해진다. 가장 가까운 곳에 있는 부부사이에서부터 대화가 시작되어야 한디.

노후에 제일 중요한 것은 돈보다는 오히려 부부간의 '대화'라고 할 수 있다. 남편이 갑자기 퇴직하면 아내하고 붙어 있는 시간이 확 늘어난다. 갑자기 늘어난 시간 때문에 서로 관계는 서먹서먹해진다. 대화에 어려움을 겪기 때문이다.

부부간 대화는 100분 토론이 아니다. 자기주장을 앞세우기보다 상대의 이야기를 잘 듣는 자세가 중요하다. "저 인간은 왜 지금까지 안 변할까?" 대화를 하다보면 서로 상대에게 뭘 해줬느냐고 강변하다가 싸움이 되거나 대화가 끊어지고 노후생활은 지옥이 되고 만다.

"내가 당신한테 뭘 해줬으면 좋겠어?"하고 물어보면 원하는 바를 이해할 수 있다. 한 번쯤 곰곰이 생각해보자. 아내와 함께 보낸다면 무엇을 할 것인가? 각자가 뭔가의 일에 몰두하거나 함께 무엇인가 같이 즐길 수 있는 것을 한다. 그렇지 않으면 특

* 작자 미상, 인터넷에서 수정 인용함.

별히 할 일 없이 지루한 하루를 보내고 만다. 후회하기 전에 더 많이 대화하고 더 많은 것을 함께 할 수 있도록 해야 한다. 집안이 평안하고 노후생활이 편안하기를 바라는가?

"최고의 노후 준비는 부부간의 대화다."

은퇴 후 많은 시간을 아내를 위해 투자

'은퇴 후 집안일 돕기'에 필요한 두 가지 덕목이 있다. 가사일 분담은 젊으나 늙으나 이슈이다. 집안일은 겸손한 마음으로 해야 한다.

"다른 집안일도 일단 하면 확실히 할 거야."

남자는 여자가 하던 일에 너무 몰입하지 말자. 집안일도 돕고 자신의 일도 만들어 하면서 중용의 위치를 지키는 게 필요하다. 집안일을 도와준다고 '갑'처럼 행동해서는 안 된다. 겸손하게 접근해야 하고 일의 양量은 적절하게 중용을 지켜야 한다.

"여보, 음식물 쓰레기 버렸어?"

"아참, 미처 못 버렸네."

"꼭 말해야 돼?"

매번 잊어버린다. 일주일에 두 번, 수요일과 일요일 저녁에는 음식물 쓰레기를 버리는 날이다. 이제는 설거지도 제법 한다. 아내의 손발이 되어서 집안에서 힘들고 궂은일은 도맡아 해야 한다. 이제 음식 만드는 일만 남았다.

아내는 나의 평생 반려자인 동시에 친구이다. 수많은 시니어와 선배들의 공통된 충고는 은퇴생활 최고의 필수품은 아내라는 것이다. 따라서 아내를 행복하게 하는 것이야말로 안락한 은퇴생활의 시작이자 끝이라는 사실이다.

이제는 아내가 싫어하는 남자들의 못된 버릇을 꼭 고쳐야 한다. 소변을 다 보고 나올 때는 변기뚜껑을 원상태로 내려두자. 소변이 튀었다면 물을 뿌려 흔적을 없애자. 소변을 앉아서 보는 방법도 생각해보자. 양말을 벗을 때는 뒤집어 벗어놓지 말자.

외출 후엔 옷을 가지런히 벗어 옷장에 반듯하게 걸어 놓는다. 휴일이라고 식사 후 양치질하는 일을 잊어서는 안 된다. 운동을 다녀온 후 땀에 젖은 옷들은 세탁기에 넣는 일을 항상 실천해야 한다. 위생에 유의하는 남편은 아내에게 높은 점수를 따게 된다.

혼자서 식사를 준비하는 일도 두려워해서는 안 된다. 라면이나 배달음식만 찾지 말고 집안에 있는 재료를 활용해서 음식을 만드는 법을 아내에게 배워 두자. 그 중에 한두 가지 음식은 가족들에게 서비스할 정도의 실력을 갖춘다면 아내로부터 더 큰 사랑을 받을 수 있다. 기회가 되면 요리책을 사서 보는 자상함도 보이자.

아내가 혹시라도 집을 비우게 되면 빨래를 거둬들일 줄도 알아야 한다. 분리수거하는 날과 방법도 익혀서 아내가 쓰레기를 나르는 추한 모습을 남에게 보이지 않도록 하자. 이제는 남편도 집안일과 바깥일에 균형감각을 갖고 가족에게도 많은 정성을 장기간 쏟아야 가정생활이 편안해진다. 남편이 노력하면 가정엔 평화의 꽃이 핀다.

"여보! 내 양말?"

"유치원생이 따로 없어?"

은퇴후, 가정에서 살아남기!
일주일에 2번 음식물 쓰레기 버리기

직장생활 동안 집안일을 소홀히 했다. 심지어 출근할 때 양말까지도 챙겨줘야 했다. 나는 한 번도 내 옷을 내가 직접 산 적이 없다. 와이셔츠, 넥타이까지도 일일이 아내가 골라 주었다. 나 혼자서 할 수 있는 일이 하나도 없다? 이게 말이 되나…….

1999년 고트만Gottman이 부부 79쌍을 20년간 관찰한 결과에 따르면 부부가 결별하는 공통이유는 다음과 같다.

- 문제를 거론하지 않고 갈등을 피하는 것
- 차이점을 무시하고 덮어두는 것
- 비판, 불평 확대, 경멸 등의 파괴적 의사소통과 방어적 태도
- 부정적 표현에 부정적으로 반응하는 부정적 상호성

오랫동안 행복하게 인생 여정을 이어가기 위해서는 배우자와 잘 지내야 한다. 가장 마음이 맞는 친구이며 인생의 동반자인 배우자에 대해 결별의 요소를 피하고 좀 더 친밀하게 행동하여야 한다. 이런 친밀감을 유지하기 위해서는 부부관계에서 긍정적인 대화기술이 필요하다.

경상도 남자들이 퇴근하고 집에 들어가면 딱 세 마디만 한다.

"아~는? 밥도~ 자자!"

이에 경상도 여자들도

"잠미더 드이소~ 불끄예!"

세 마디로 말한다는 유머가 있다.

나도 집에 들어가면 물어보는 말도 제대로 대꾸를 안 한다. 아내의 입장에서는 무척이나 자존심이 상하는 일이다. 대답을 하더라도 건성으로 퉁명스럽게 하는 경우가 많았다. 남편의 고민 내용을 분석한 결과 남편들이 부인에 대해 난감해하는 항목 중의 하나가 '지적 성장이 멈추어버린 듯한 아내의 모습'이라고 한다. 물론 상대적으로 아내의 입장에서도 남편에 대해 같은 심정일 수도 있다.

남자들의 군대얘기를 여자들이 가장 싫어한다고 한다. 지적 성장이란 관심 있는 분야에 대한 상대방의 이해도를 말한다고 할 수 있다. 따라서 부부간의 공동관심사가 좋은 대화를 위한 필수조건이라 할 수 있다. 서로 이해하기 위해서는 자신의 속내를 드러내는 충분한 대화가 가장 바람직한 방식이다.

아내가 행복해야 나도 행복하다. 아내의 말은 '하느님 말씀'이라고 생각한다. 내가 잘못한 것은 당연히 내 잘못, 아내가 잘못한 것도 내 잘못이라고 생각하면 집안이 편하다.

"아내를 왕비처럼 모시자."

부부간의 친밀한 관계를 재설정

N은행 간부였던 H는 부부가 함께 유기농 대추 과수농사를 짓고 있다. 내가 제일 부러워하는 생활을 하고 있다. 나 역시 현직에 있을 때부터 계획했던 일이지만 아내를 설득하지 못해 포기해야 했었다.

도시생활을 하다가 농촌으로 들어가 농사일을 한다는 것은 보통 결심이 아니면 힘든 결정이다. 더군다나 부부가 같이 농사일을 한다는 것은 더더욱 어렵다. 그러나 H는 아내의 적극적인 협조로 모범적인 농사를 짓고 있다. 그리고 틈틈이 붓글씨 연습을 해서 입상하기도 했다. 노후의 행복감은 배우자와의 원만한 관계에 비결이 있다.

"요즘은 마누라 눈치를 많이 보게 돼."

"나이 들어서 구박받지 않으려면 지금부터 잘 해야겠어."

자신의 노년기에 절대적으로 영향력을 행사할 사람이 배우자라는 사실을 깨달았기 때문이다.

노후에는 부부 역학관계가 남편에서 아내 쪽으로 기울어진다고 한다. 나이가 들수록 여성들은 독립적이며 능동적으로 변해간다. 회사밖에 몰랐던 남편들은 정년퇴직과 함께 갑자기 무기력한 존재가 돼버린다.

경제력 상실과 함께 가족들이 가장을 바라보는 눈이 사뭇 달라졌음에도 불구하고 여전히 가족 위에 군림하려고 한다. 살림 간섭을 한다거나 아내의 외출을 못마땅하게 여김으로써 노년기 갈등이 심해지는 경우가 있다. 심지어 정년 이후 소외감, 분노 등을 아내에게 쏟아냄으로써 가정폭력으로 치닫는 경우마저 생길 수 있다.

머리가 둘 달린 백조에 관한 슬픈 이야기가 있다.

이 백조는 머리가 하나뿐인 다른 백조들보다 훨씬 빨리 먹이를 먹을 수 있었다. 어느 날 이 백조의 두 머리는 어느 쪽이 더 빨리 먹을 수 있는가를 놓고 격렬한 논쟁을 벌이기 시작했다. 그래서 그들은 서로를 미워하기 시작했다.

한쪽 머리가 독이 든 열매를 발견하고는 그것을 땄다. 그리고는 이렇게 말했다.

"나는 더 이상 너하고 같이 살 수가 없다."

그러자 다른 쪽 머리가 말했다.

"안 돼! 먹지 마! 네가 그걸 먹으면 나도 죽는단 말이야."

하지만 그 머리는 어찌나 화가 났던지 다른 쪽 머리의 말에는 아랑곳하지 않고 그 독 있는 열매를 삼켰다. 그래서 머리가 둘 달린 백조는 죽고 말았다.

결혼한 사람들 가운데 90퍼센트는 이러한 싸움을 계속하고 있으며 타협 대신에 헤어지는 극단의 선택을 하고 만다.

나는 부부싸움을 자주 하는 편이다. 부부싸움은 사소한 일들 때문이다. 말로 하는 부부싸움은 많이 해도 좋다. 그리고 이기려 하지 말자.

"나나 하니까 참고 살았지."

"누가 할 소리?"

"그 성격, 누가 맞추고 살아."

"나니까 같이 산 거 아닌가?"

서로의 입장을 차근차근 풀어간다면 상대방을 이해하게 된다. 타협점을 찾을 수도 있다. 평소 대화를 많이 하는 부부라면 노후 준비는 절반은 한 셈이다. 인생 주기에서 보면, 빈 둥지에 남겨진 노부부가 함께 보내는 시기가 신혼기와 비슷하다고 한다. 신혼기는 서로 개성이 달라 두 사람이 티격태격하면서 적응하느라 어려움을 겪는 시기이다. 노년기 부부도 마찬가지다.

노년기에는 살아오면서 실망하고 힘들었던 점이나 원망 등이 쌓여 부정적인 감정을 갖기 쉽다. 그렇기 때문에 부부생활에서 일어나는 갈등, 불만 등을 가슴속에 쌓아 두지 말아야 한다. 한 달에 한 번 정도 데이트를 한다거나 일 년에 한 번 정도는 부부만의 여행을 가는 일도 바람직하다. 자녀에게 쏟는 애정의 절반이라도 배우자에게 표현해보자.

존 그레이John Gray의 역작이자 베스트셀러인《화성에서 온 남자, 금성에서 온 여자》는 많은 부부들이 오해와 갈등을 겪는 이유를 잘 설명해준다. 남자와 여자는 언어, 행동, 생각 등 모든 측면에서 서로 다르다. 그런 차이를 깨닫지 못하고 서로의 방식만을 강요하기 때문에 문제가 생길 수밖에 없다. 부부가 서로 변화시키려고 애쓰거나 맞서려 하지 말아야 한다. 각자가 다른 별에서 온 사람처럼 다름을 인정하고 받아들일 때 함께 잘 지낼 수 있다.

은퇴 후 부부가 함께하는 시간이 길어지면서 오래 사는 남편이 부담스럽다고 말하는 여성이 늘고 있다. 남편이 퇴직 후 집에서 보내는 시간이 늘면서 생기는 부작용이다. 대부분의 남편들은 직장을 다닐 때는 바쁘다는 이유로 집에서는 대화를 할 시간조차 없었다. 은퇴 후 할 일이 없어지고 집에서 보내는 시간이 많아지면서 자연히 아내에게 의존하게 된다. 그뿐만 아니라 아내의 일거수일투족을 참견하고 간섭하려고 한다.

한편 남편의 부재에 익숙한 아내의 입장에서는 남편이 집에 있는 것만으로도 스트레스를 받는다. 이전에 경험하지 못했던 낯설고 불편한 경험을 하게 된다. '부부는 일심동체'라는 말은 이제 옛말이다. '화성남편'과 '금성아내'는 은퇴 후 노후생활을 어떻게 보내야 할까? 해결의 열쇠는 의외로 간단한 곳에 있다. 상대방을 이해하려는 자세가 가장 효과적인 해결책임을 깨우

치는 것이다.

부부가 여가활동을 할 때 '따로 또 같이'가 필요하다. 모든 걸 함께하려 하지 말고 한두 개는 같이 하고 나머지는 따로 하는 게 좋다. 성공적인 재테크가 생활을 편하게 한다면 성공적인 시時테크는 삶을 풍요롭게 만든다. 활동과 관계가 많아지면서 육체적·정신적 건강이 좋아진다. 부부가 함께 스마트한 시간을 보낼 수 있는 배분전략에 대해 의논해보길 바란다.

금슬琴瑟 좋은 부부의 경제적 가치

〈시사저널〉에 흥미로운 기사가 있어 인용한다. 갈등을 겪는 부부들을 위한 치료법을 개발해 효과를 인정받은 미국 워싱턴 대학의 가트먼John Gottman 박사는 "하루 20분 동안 헬스클럽에서 뛰는 것보다 배우자와 좀 더 많은 대화를 나누는 쪽이 훨씬 좋다"고 주장한다. 좋은 관계를 유지하는 부부가 그렇지 않은 부부에 비해 평균 4년을 더 살기 때문이다.

행복한 부부는 그렇지 않은 부부보다 면역세포가 더 많다. 또 행복한 부부들은 편안한 상태에서 많이 분비되는 세로토닌 수치 역시 높게 나타났다. 세로토닌 호르몬이 많이 분비되면 면역력 자체가 강해지고 면역세포도 더 많아진다. 특히 NK세포* 가 세포 가운데 차지하는 비율이 높아지면 감기나 바이러스 질환에 걸리거나 세균이 들어올 가능성이 줄어든다는 것이다.

• 자연살해 세포(NK cell, Natural Killer cell)로, 선천면역을 담당하는 중요한 세포이다.

미국 다트머스 대학의 데이비드 블랜치 플라워David Blanch Flower 교수는 35개국 1만여 명을 대상으로 행복도에 대한 설문조사를 실시했다. 그 결과를 돈과 연결시켜 분석했다. 이 분석에 따르면 독신이나 결혼생활이 불행한 부부가 행복한 부부만큼 행복을 느끼려면 연봉이 10만 달러 이상이어야 한다.

이 기사를 보면 돈이 많은 부부일수록 행복한 것이 아니고, 행복한 부부일수록 부자가 될 수 있음을 시사하는 바가 크다. 금슬 좋은 부부는 그렇지 않은 부부보다 더 건강할 가능성이 높다. 더 부자일 가능성도 높고 더 행복해질 가능성이 높다고 한다.

또 다른 조사에 따르면 아침에 출근하면서 아내와 키스와 포옹을 하면서 따뜻한 아침인사를 하고 나오는 남자와 그렇지 않는 남자는 연봉에 차이가 있다. 부부의 금슬은 이처럼 눈에 보이지 않은 혜택뿐만 아니라 눈에 보이는 경제적 이득을 우리에게 가져다준다는 것이다.

우리에게 인생에서 몇 가지를 고르라면 건강한 삶과 풍요로운 삶이 빠질 수 없다. 이렇게 중요한 두 가지를 이루어준다는데 배우자와 더 사이좋게 지내야 하지 않을까. 부부는 은퇴한 후 삶이 어떻게 될지 머릿속에서 같은 그림을 그릴 수 있어야 한다. 행복에너지는 가정에서 나온다고 할 수 있을 것이다.

당연한 얘기지만 행복한 은퇴생활은 돈으로만 해결되는 것은 아니다. 친구와의 관계를 비롯해 가족의 화목, 건강 등이 함께할 때 행복한 은퇴생활이 가능하다. 돈으로 행복을 살 수 있을까? 은퇴 이후의 돈은 중요하다. 그러나 더 많은 돈이 더 큰 행복을 가져다주지는 않는다. 돈이 아무리 많다 하더라도 가족과 함께하지 않으면 행복한 노후가 될 수 없다.

그렇다면 행복한 가정은 누가 만드는가. 윗물이 맑아야 아랫물이 맑듯이 부모나 사회의 어른들이 하는 모습은 다음 세대들이 배우고 따라하게 된다. 내가 어버이에게 효도하면 자식도 따라 내게 효도한다. 자신이 이미 효도하지 않으면 자식이 어찌 효도하겠는가. 가정은 인생의 뿌리이고 행복의 시발점이다. 은퇴준비는 행복한 가정에서부터 출발해야 한다. 나는 부모로서 잘 했을까……

"쟤는 말투가 왜 저래?"

"당신하고 똑같은데?"

자식들 탓하기에 앞서 나 자신부터 반성해야 하지 않을까.

고급 아파트에 아들, 며느리, 손자와 같이 사는 할아버지가 있었다. 어느 날 저녁 때 집에서 굴비 굽는 냄새가 진동하는데 할아버지 밥상에는 굴비가 보이지 않고 손자에게만 주는 것이 아닌가. 할아버지는 공부하는 손자를 위해 그냥 이해하고 넘어갔다.

그런데 저녁 산책을 하고 돌아와 보니 집에서는 또다시 굴비 굽는 냄새가 났다. 이번에는 아들의 퇴근시간에 맞춰 굴비를 굽는 것이었다. 화가 난 할아버지는 그 이튿날 부동산에 집을 내놨다. 놀란 며느리가 왜 집을 내놓았느냐고 묻자 할아버지는 "나도 집 팔아 굴비를 좀 먹으며 살려고 그런다"고 대답했다고 한다.

할아버지 밥상에 굴비를 올리지 않던 자식들이 과연 그들의 자식으로부터 굴비대접을 받을 수 있을까. 이 할아버지는 그래도 재산이 있어 자식들에게 본때를 보였지만 수중에 가진 것 없는 노부모들은 어찌할까.

"어진 아내는 가까운 친척을 화목하게 만들고 간교한 아내는 부모형제 관계를 깨뜨려 버린다."《명심보감》에 있는 말이다. 행복한 가정은 부부가 함께 노력해야 한다. 내가 잘해야 아내도 잘하지 않을까.

나는 치매어머님 때문에 항상 죄스러운 마음이다. 아내의 건강 때문에 직접 모시지 못하고 있다. 여동생들에게 고맙고 미안하게 생각하고 있다. 자주 찾아뵈어야 하는데 거리가 멀다는 핑계로 마음뿐이다. 나도 할아버지처럼 재산이라도 많아야 되나…….

사실 노후생활에 있어 돈이나 건강보다 더 경계해야 할 것은 바로 '고독'이다. 청춘의 고독은 미래의 꿈을 만드는 거름이 될 수 있다. 하지만 노년의 고독은 죽음의 전도사가 될 뿐이다. 배우자와 대화하고 잘 지내자. 그리고 가족과 함께하자. 당신이 그리는 행복한 노후생활에 결코 '가족'이란 존재가 빠져서는 안 된다.

모든 중심에 혼자가 아닌 가족을 함께 생각하자. 은퇴한 가장과 아내로서의 역할, 자식들의 역할도 분명하다. 가족 간의 신뢰와 소통이 행복을 배가시켜 주는 힘이라는 사실을 명심하자. 행복한 노후생활에 돈이란? 행복에 비하면 큰 바다의 물방울 하나! 당신의 생각은?

행복한 노후생활을 원하는가?
여기에 결코 '가족'이란 존재가 빠져선 안 된다

• 노후 부부생활 10계명

1. 내 남편(아내)만 아니라면 평생 그리워할 사람이다

결혼하지 않았다면 비오는 날이나 우울한 날이면 이 남자(여자)를 떠올렸을 것이다. 나도 아름다운 시절을 누렸었지. 잊었던 기억에 가슴이 한결 따뜻해졌을지도 모른다.

2. 지금 여기서 일어난 일만 가지고 싸우자

상처들을 마음속 치부책으로 남겨두지 말라. 결론이 정해진 문제로 싸우는 것처럼 소모적인 일도 없다.

3. 부부는 이심이체二心二體

진정으로 사랑하고 신뢰하는 부부라면 잠시 떨어져 있더라도 불안하지 않을 것이다. 결혼해서도 자기만의 공간을 확보할 수 있다면 누가 결혼을 구속이라고 하겠는가?

4. 취미가 다른 것도 축복이다

상대의 취미를 존중하고 함께 즐기려고 노력하면 내 세계가 두 배로 넓어질 수 있다. 그러나 상대의 취미를 폄하하지 말고 따르라고 강요하지 않아야 한다.

5. 남의 노후생활과 비교하지 말라

'왜 나만 이렇게'라는 생각이 불쑥 솟곤 한다. 그 생각이 남에게 향하면 원망과 싸움으로, 나에게 향하면 간헐적인 우울증으로 빠져든다.

6. 남편 흉보는 아내를 이해하라

친구들 앞에서 남편 흉을 볼 수 있다는 것은 수다로 다스려질 수 있는 심각하지 않은 일이란 뜻이다.

7. 집이 아내에게 일터가 되게 하지 말라

아내에게도 집이 휴식인 공간이 되어야 한다. 워킹 맘뿐만 아니라 가정주부에게도 마찬가지이다.

8. 나와 남을 비교하지 말고 자존감을 가져라

나와 다르게 평탄한 삶을 사는 것 같은 사람들과 비교하지 말라. 세상에 이상적인 결혼이란 없다. 자존감을 높이고 서로 성장시키는 부부관계를 만들어가라.

9. 삶은 생각대로 흐르니 낙관주의를 포기하지 말라

아무리 힘든 일이 닥쳐도 우리는 행복하게 살 수 있다는 자신감을 잃지 않아야 한다. 하지만 너무 행복하려고 애쓰지도 말라. 결혼해서 불행해진 것이 아니다.

10. 행복한 노후생활은 내가 만드는 것이다

행복은 누가 가져다주는 것이 아니다. 내 속에 들어 있는 것이며 내 행복을 만들어 주는 것은 남이 아니라 바로 나 자신이다.

고독, 외롭지 않아요!

보건복지부에서 발표한 2017년 노인실태 조사결과에 의하면 독거노인은 2008년 19.7%에서 2017년 23.6%로 증가하는 것으로 나타났다. 단독가구생활의 어려움으로 간호 19.0%, 경제적 불안감 17.3%, 심리적 불안감 및 외로움 10.3%순이었다. 부모의 노후를 돌봐야 한다는 생각은 2008년 40.7%에서 2016년 30.8%로 지속해서 감소하고 있다. 성균관의대 연구팀에 따르면 '혼밥'하는 노인들이 가족과 함께 식사하는 노인보다 우울증 위험도가 30% 높았다고 한다.

노년에 '고독'은 가장 큰 외로움의 원인이다. 어떤 분이 아내를 먼저 천국으로 떠나보낸 친구에게 삶이 외로워 어찌 사느냐고 물어보았더니 "그냥 살아지더라"고 말했다고 한다. 살아 있는 사람은 그냥 살아지는가 보다. 우리 모두가 언젠가는 가겠지만 살아있는 동안은 하루하루 최선을 다해 사는 게 의무라고 생각한다.

내가 누군가를 사랑하는 것도 결론은 나를 사랑하는 것이고 누군가를 미워하는 것도 나 자신을 미워하는 것이다. 지금 주위에 있는 사람들과 서로 의지하고 감사하며 사는 것이 필요하다. 다른 건 다 부질없고 몸관리 잘하며 건강한 삶을 살아야 한다. 인간관계는 참으로 복잡 미묘해서 묘안이 없을 듯, 나만 잘한다고 되는 게 아니다. 젊었을 때 배운 전문적인 지식이 있다면 이에 감사하며, 봉사도 하고 칭찬도 받아가면서 자존감도 높이고 맘대로 하고 싶은 것 하면서 유유자적 산다면 얼마나 좋겠는가.

이젠 다 내려놓고 열심히 건강도 챙기고 여행, 운동, 음악, 등산, 명상, 신잉 등 여유로운 삶을 즐기는 것이다. 맛있는 것도 먹어가면서 드라이브도 하고, 봉사도 하고, 재능기부도 하고, 취미생활도 하면서 남은 인생 황금기를 보람 있게 살아보는 것이다.

지내놓고 보면 인생은 공식도 없고 완전한 성취만족도 없다. 그저 오늘 작은 일에도 감사하고 자족할 줄 아는 비결을 배우는 것이 현명하지 않을까. 상대적 박탈감이 문제인데 현재 자신의 삶에 만족한다면, 굳이 다른 사람과 비교할 필요가 있겠는가. 이제 산전수전 공중전까지 다 겪은 내가 폼잡아봤자 그것이 그것이고 다 도토리 키 재기이다.

기름진 넓은 땅이 아닌, 아니 자갈밭도, 돌무더기 땅도 아닌 뿌리도 제대로 뻗칠 수 없는 바위 틈새에 힘겹게 뿌리를 내리고 있는 소나무를 보라! 적게는 수십 년, 많게는 수백 년을 버티며 삶을 이어가고 있는 것이다. 강한 바람에 쓰러지지 않기 위해 바위 틈새에 뿌리를 뻗으려고 얼마나 애를 썼을까?

저 나무들은 가뭄에 물 한 방울 빨아들일 수 없고 거름기 하나 없는 악조건에서 살아남았다. 오늘도 그 강인함으로 북풍을 고스란히 견디고 있다. 나는 저 나무들에 비한다면 기름진 옥토의 평평한 곳에서 마음껏 물과 영양을 공급받으며 살고 있지 않은가.

저 나무들은 최악의 고통 속에 처해 있었기에 그곳에서 수십 년이나 수백 년의 수명을 유지했을 것이다. 기름진 평지 위에 자랐더라면 진즉에 벌목꾼들 손에 잘려 땔감으로든지 목재소에 실려갔을 것이다. 척박한 환경에 씨앗이 떨어져 싹을 틔워 고난 속에 생명을 유지하는 것도 행운이라고 할 수 있지 않을까.

어머님은 33년째 혼자 살고 계신다. 치매 증상이 있음에도 여전히 혼자이시다. 유일한 친구는 반려견 2마리이다. 자식이 칠남매가 있지만 같이 살지 못하고 혼자 사신다. 누구에게 부담을 주고 싶지 않다고 혼자를 고집하신다. 어머니를 볼 때마다 나는 어떻게 살아야 하는가를 생각하게 된다. 더군다나 아내마저 암투병 중이라 어느 날 갑자기 혼자가 되면 어찌해야 하나…… 난감하다.

"당신이 나보다 오래 살아야 되는데."

"왜, 혼자 사는 게 겁나?"

"아무래도 남자 혼자 사는 게 더 힘들지."

"1년만이라도 더 오래 살면 안 될까?"

사람은 언제나 혼자이다. 태어날 때 혼자 나왔듯이 돌아갈 때도 혼자 간다. 이 세상에서 부부로, 형제로, 혈연으로, 친구로 얽혀 산다 할지라도 결정적일 때는 항상 혼자이다. 세상은 혼자서 외로우니 누군가 옆에 있어 주기를 바라고 나도 모르는 사이에 그 사람들에게 의지하려고 한다.

'사람은 어차피 혼자서 죽을 것이다. 그러니까 혼자인 것처럼 행동할 일이다.'

파스칼이 남긴 말이다. 예전에 기고만장했던 노인이 요양병원에 아무 말도 못하고 정신이 희미한 가운데 누워 계셨다. 문병하고 나오면서 그분의 서글픈 눈망울을 지울 수가 없다. 왜그렇게 서글퍼할까? 욕심 때문이다. 마지막 순간에도 욕심을 버리지 못하고 있는 것이다.

"아픈 사람한테 밥 해달라고 하지 말고 한 끼 정도는 해주면 좋을 텐데."

"컵라면만 할 수 있다고 하지 말고 밥하는 법도 배우셔……."

아내가 몸이 불편한지 지나가는 말로 한마디 한다. 아내가 아픈 것이 혼자 사는 법을 배우라는 것일까? 집안일을 제대로 한번 도운 적이 별로 없다. 심지어 형광등 불이 나가도 형광등 교체하는 것을 딸이 대신했다.

최근에 설거지도 하고, 음식물 쓰레기도 치우고, 청소기도 돌리지만 당연하다는 듯 별로 고마워하는 눈치가 아니다. 그동안 서운함이 무척이나 컸던 모양이다. 이제는 정말 모든 것을 혼자 할 수 있어야겠다는 생각이 간절하다. 바위틈에 혼자 묵묵히 자라고 있는 소나무를 보면서 나의 인생도 그와 같다는 생각을 했다. 혼자 사는 것을 두려워하지 말자! 어차피 혼자 떠날 것이 아닌가. 즐겁고 기쁘게 혼자 사는 연습을 하자.

욕심을 버리자. 혼자라도 외롭지 않아요!

제6장 · 공헌

더불어 사는 즐거움, 아름다운 동행

저것은 넘을 수 없는 벽이라고 고개를 떨구고 있을 때
담쟁이 잎 하나는 담쟁이 잎 수천 개를 이끌고
결국 그 벽을 넘는다.

- 도종환 〈담쟁이〉 중

남모르는 선행, 그것이 확실한 봉사

남을 위해 나를 희생할 수 있는가? 사랑은 한 사람이 다른 사람을 위해 자신을 희생할 수 있을 때 비로소 진정한 사랑이 된다.

물질을 사랑하면서도 물질에 얽매이지 않고 그 물건에 아름다움을 입히는 것은 위대한 봉사적 행위이다. 모든 물건에 사랑의 옷을 입힐 수 있는 마음을 가지라! 그 물건이 가진 아름다움 이상으로 우리의 마음이 그것을 아름답게 할 수 있다. 이것이 진실한 생활이며, 이 세상을 우리의 것으로 만드는 길이다. 아름다움과 사랑을 줄 때 우리는 이 세상에 봉사하고 있는 것이다.

사람은 혼자서는 살 수 없다. 사회라는 공동체 속에서 사람들과 조화를 얻지 않으면 안 된다. 사회뿐만 아니라 모든 자연법칙에 적응하고 조화된 위치를 유지하는 것이 요구된다. 우리의 교양이나 재능은 사회에 적응하도록 사용되어야 한다. 조화하지 못하는 지식이나 주장은 자기 인격의 분열을 자아낼 뿐이다.

미국의 한 작은 지방에 비가 추적추적 오는 날, 피로에 지친 노부부 한 쌍이 하룻밤을 머물려고 여관을 찾아들어갔으나 방이 없어 한숨을 쉬고 있었다. 그런 노부부를 본 여관의 지배인이 조용히 그들에게 손짓하며 따라오라 하더니 좋은 방은 아니지만 깨끗이 정리된 방을 하나 내주었다.

아침에 숙박비를 주려하자 지배인은 "숙박비는 안 내셔도 좋습니다. 그 빙은 세가 사용하는 방입니다. 편히 지내셨다니 다행입니다." 하는 것이었다. 얼마 후, 이 여관 지배인에게 뉴욕행 비행기 티켓과 함께 현 급여의 10배 조건에 "○○호텔지배인으로 오지 않겠느냐"는 정중한 편지 한 통이 날아왔다.

○○호텔은 지배인이 한 번 일해보고 싶었던 세계 최고의 호화로운 특급호텔이었다. 그 길로 지배인은 뉴욕으로 날아갔고 훗날 그 특급호텔에서 매년 공로주功勞株를 받아 상당한 지분까지 가진 사장으로서 거부가 됐다. 그 호텔의 주인은 언젠가 자신이 호의를 베풀어준 바 있던 노부부였다.

지하철입구 계단을 내려가는데 다리가 불편한 노인 한 분이 계단 한편에 앉아 있었다. 아내가 천 원짜리 지폐를 한 장 놓고 간다.

"전에는 그냥 지나치더니 오늘은 다르네."

"다리가 불편한 사람을 보면 그냥 지나칠 수가 없어. 아픈 사람이 아픈 사람 심정을 알지!"

사람 봐가면서 도와주는 건가, 이해가 되기는 하는데……. 나는 어떻게 해야 하는 건지 잘 모르겠다.

세상에 남기고 싶은 것이 있다면 과연 무엇을 남길 것인가? 다양한 나눔을 행하는 것도 진정한 유산이다. 공자孔子가 자제 교육을 시킨 것은 69세였다. 교육만큼 큰 나눔도 없다는 큰 깨달음이 있었으리라. 내가 아는 교수님 한 분은 정년퇴임 후 고향으로 내려가 이문화異文化 가정을 위한 무료교육으로 나눔을 실천하고 있다.

전문적인 교육자가 아니라도 자신의 경험과 지혜를 나눌 수 있는 인생의 후반기에 아낌없이 나누는 것이다. 우리는 태어난 이래 많은 은혜를 받고 살아왔다. 그리고 언젠가는 떠난다. 그렇다면 이 세상에 무언가 받은 만큼 공헌을 하며 은혜를 갚아야한다. 그것이 살아 있는 보람이 아닐까.

21세기는 고령자가 주역으로 될 수밖에 없는 시대다. 노후에는 교육의 나눔을 실천해야 한다. 지금껏 배운 것을 세상에 나누는 것이다. 전통이나 문화를 전수하는 건 고령자의 의무다. 이들의 나눔이 없으면 전통은 흔적 없이 사라지리라.

사람의 본성은 선하다. 타인의 행복을 위해 공헌하고픈 마음이 인간의 본질이다. 일단 뜻을 세우면 우리 속에 잠재되어 있던 본질이 빛을 발하기 시작한다. 그것이 바로 지금이다. 그렇다면 무엇을 남길 것인가?

누구든지 사회에 공헌할 수 있는 일은 많다. 청소부가 길가의 낙엽을 쓸지라도 '나는 지구의 한 모퉁이를 깨끗하게 청소하고 있다'고 말할 수 있다. 아무리 사소한 일이라도 쓸모없는 일은 없다. 나는 평생 현역으로 살면서 경영컨설턴트와 사회복지사로서 이 세상에 작은 디딤돌 하나 놓고 싶다.

행복한 사람은 다른 사람과 함께 행복을 나눈다. 다른 사람을 행복하게 할 수 있다면 나 또한 그 속에서 행복해진다. 가르치면서 배운다는 말처럼 함께하면서 자신도 행복해진다. "기쁨을 나누면 배가 되고, 슬픔을 나누면 반이 된다"는 말은 행복을 나눈 사람들의 공통된 경험이다. 행복을 연구하는 심리학자는 말한다. "행복하려면 봉사하라!"

나도 담쟁이 잎처럼 함께 벽을 넘어야겠다.

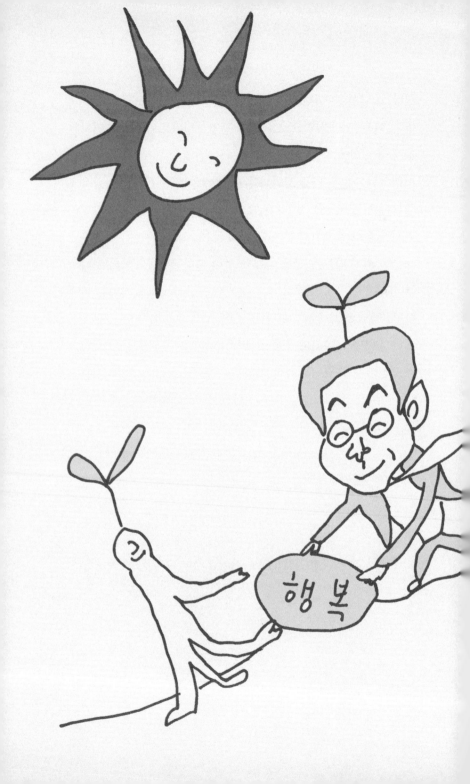

기쁨을 나누면 배가 되고,
슬픔을 나누면 반이 된다!
"행복하려면 봉사하라!"

보답을 생각하지 말고 나누자

'베푼다'라는 말보다는 '나눈다'는 말의 느낌이 좋다. '베푼다'는 말은 많이 가진 자가 그렇지 못한 자에게 은혜를 베푼다는 뜻으로 상하의 느낌이 든다. 반면 '나눈다'는 말에서는 서로 평등한 관계 또는 존중의 뜻이 느껴지기 때문이다. 이러한 나눔의 기쁨은 어느덧 자신에게 돌아오기 때문이다.

맹인 한 사람이 밤에 물동이를 머리에 이고 손에는 등불을 들고 우물가에서 돌아오고 있었다. 길에서 그와 마주친 마을사람이 말했다.

"정말 어리석은 사람이군! 앞을 보지도 못하면서 등은 왜 들고 다니지?"

맹인이 대답했다.

"당신이 나에게 부딪치지 않게 하려고 그럽니다. 이 등불은 나를 위한 것이 아니라 당신을 위한 것입니다."

우리의 나눔은 갈 길을 밝혀주는 등불과 같은 것이다.

자신의 이득을 취하지 않고 다른 사람을 위해 자신의 것을 온전히 내주는 것, 이것이야말로 '진정한 사랑'의 실천이라 하겠다. 사실 생각해보면 내가 가진 것을 남에게 나누어주다 보면 내 것이 줄어들고 없어질 것 같다. 하지만 실제로 나눔을 실천하고 있는 이들의 말을 들어보면 한결같이 '오히려 나눔으로 인해 더 많은 것을 얻고 있다'고 말한다.

세상을 살아가면서 혼자만의 힘으로 이룰 수 있는 것은 아무것도 없다는 사실을 나 또한 잘 알고 있다. 누군가에게 무엇인가를 베푸는 것은 선물이다. 흔히 베푼다고 하면 부담을 갖는 경우가 많다. 물질을 먼저 떠올리기 때문이다. 곰곰 생각해보면 그렇지만도 않다. 어린아이들을 생각해보라. 물질을 갖고 있지 않지만 아이들은 그 존재만으로도 부모에게 사랑을 베풀고 있지 않은가.

따뜻한 눈빛과 부드러운 표정, 아름다운 말투와 예의바른 태도, 어진 마음으로 자리를 양보하고 기꺼이 자신의 것을 내어줄 수 있는 마음이 나눔이다. 우리가 돈이 없어도 나눌 수 있는 것들이다. 끊임없이 사람과의 관계를 맺고 살아가는 현대사회에서는 나누는 일이야말로 긍정적인 에너지를 심어주는 일이리라. 즉 사람과 사람을 잇는 소중한 긍정 바이러스인 셈이다.

이미 우리들에게는 돈이 없어도 나눌 수 있는 것들이 수없이 많다. 유교에서 이르는 오복五福 중 오래 사는 것, 부자되는 것, 건강하게 사는 것, 천수를 다하는 것 외에 마지막 하나가 바로 남에게 선행을 베풀어 덕을 쌓는 것이다. 지금이라도 무언가 남에게 베풀면 자신에게도 복이 되어 돌아온다는 인생의 진리에 귀를 기울여야 하지 않을까.

스페인에 있는 발렌시아 근교에서 딸기를 따고 있던 한 남자에게 개 한 마리가 달려왔다. 개는 그의 주위를 맴돌며 방해를 했다. 결국 그 개의 이상한 몸짓에 눈치를 챈 그는 개의 뒤를 쫓아가 보았다. 개는 곧장 철도로 달려갔다. 거기에는 9세 소녀가 발이 선로에 꼭 낀 채 꼼짝도 못하고 있었다.

"도와주세요!"

달려온 그 남자가 소녀의 발을 빼려고 애를 썼지만 헛수고였다. 그때 기차가 돌진해오고 있는 것이 보였다.

"사람이 있어요!"

그 남자는 기차를 향해 마구 손짓을 하며 크게 소리를 질러댔다. 다행스럽게도 기관사가 알아차리고 기차를 세웠고 그 남자는 소녀의 발을 빼낼 수 있었다.

나중에 밝혀진 바에 따르면 소녀는 선로에 발이 끼이기 전에 버터빵을 이 떠돌이 개와 나눠먹었다고 한다. 그래서 이 개는 감사의 표시로 소녀의 생명을 구하기 위해 최선을 다했던 것이다. 개도 빵 하나의 은혜를 갚으려고 했는데, 정작 사람으로서 받은 은혜를 잊고 사는 경우가 얼마나 많은가. 스스로를 돌아볼 수 있어야 하겠다.

사람들은 대접받기를 좋아한다. 받는 걸 좋아하는 사람의 본

능은 어쩔 수 없다. 퇴근 후 집에 돌아와도 대접받기가 점점 힘들어진다. 뭔가를 받으려고 하다보면 그렇지 못할 경우 좌절감을 느끼게 된다. 그러나 받는 것을 포기해버리면 더 이상 실망할 일이 사라진다. 근심거리를 사라지게 함으로써 긍정의 요소가 생긴다. 말씀에도 있지 않는가. "남에게 대접받고자 하거든 남을 먼저 대접하라."

인생이란 주고받는 관계라고 한다. 인생은 수(授,주다)와 수(受,받다)의 두 원리로 구성된다. '기브 앤 테이크Give and Take'는 인생의 가장 기본적인 법칙에 속한다. 언젠가 '기브 앤 포겟'* 이라고 말하는 사람도 있었다.

인간의 삶은 무언가를 주거나 받는 생활의 연속이다. 이왕이면 주고 잊어버리는 것이 가장 좋다. 남이 나에게 해주기를 바라는 바를 남에게 해주어라. 남을 위한 봉사가 인간에 대한 사랑이고 이런 봉사의 실천이 사회에 널리 퍼질 때, 사회는 한층 더 밝고 건강해질 것이다.

평생을 사회의 혜택 속에 많은 신세를 지고 살아왔다. 얼마 남지 않은 인생, 이제 남을 위해 베풀며 살아가리라. 내가 먼저 베푸는 일이 복을 짓는 길이다. 우리는 사회봉사의 습관이 부족하다. 하찮은 일이라도 내가 먼저 베풀고 실천하면 남에게 기쁨을 주고 나 또한 보람을 느끼게 된다. 선진 시민이 되는 지름길이다. 봉사하고 떠나리라!

* Give and Forget, 주고 잊어버려라.

자원봉사 활동이 노후의 즐거움

사회 봉사활동에서 새로운 역할을 찾을 수 있고 보람을 느낄 수 있다. 남을 도울 때 느끼는 기쁨과 만족감이라는 무형의 보상이 봉사의 보수다. 보수 없는 봉사를 희망하는 사람을 주위에서 많이 볼 수 있다. 정년 후에 주어진 시간의 반은 자신을 즐겁게 하는 데 쓰고 나머지 반은 남을 기쁘게 하는 데 쓴다면 더 없이 좋다.

선진국에서 노인들이 자원봉사를 하는 것은 한국의 노인들이 '며느리 험담'하는 만큼이나 흔히 보는 일이라고 한다. 일본의 경우 노인인구의 절반이 넘는 700여 만 명이 자원봉사를 한다. 미국의 경우도 65세 이상의 인구 40%이상이, 호주의 경우는 17%이상이 지원봉사를 하고 있다.

외국의 경우 학력이 높고 경제수준이 높을수록 자원봉사에 더 적극적이다. 그런데 한국의 경우는 어떠한가. 한국은 전체 노인인구 가운데 약 6%만이 자원봉사를 하거나 해본 적이 있다고 한다.

자원봉사라고 하면 "할 일이 없으면 집에서 잠이나 자지, 왜 사서 고생이냐"는 식이다. 자원봉사를 한다고 해도 대개는 교통비나 수고료를 받는 식의 유급봉사이다. 순수한 무급인 경우 이러저러한 이유로 빼먹거나 그만두는 경우가 흔하다.

이렇게 한국 노인들의 자원봉사 참여율이 낮다. 자원봉사자가 할 수 있는 일거리가 청소나 가사도우미 등의 단순 노동에 치우쳐 있고, 다양한 역할이 개발되지 않았기 때문이다. 무엇보다 노인들이 자원봉사를 해본 경험이 없다는 것이 가장 큰 이유이다.

외국의 어느 톨게이트에서 일어난 일이다. 무슨 까닭인지는 모르지만 어느 차가 통행료를 내면서 자신과 전혀 관계없는 뒤에 오는 차의 통행료까지 내주었다. 곧 뒤에 오는 차가 통행료를 내려 하자 톨게이트 직원은 앞차가 통행료를 냈다며 그냥 가라고 했다. 뜻밖의 일에 기분이 좋아진 그 사람도 자신이 내야 할 통행료를 그대로 뒤차를 위해 냈다. 그 뒤차도, 그 뒤차도 똑같이 기쁜 마음으로 자신이 내야 할 통행료를 그대로 뒤차를 위해 냈다. 온종일 그러한 일이 이어졌다.

전체적으로 보면 첫 번째 사람 외에는 금전적인 변화는 전혀 없다. 그러나 모든 사람이 행복한 하루였다. 어제와 똑같은 통행료를 냈지만 나를 위한 통행료가 아니라 남을 위한 통행료였기 때문에 기쁨이라는 선물이 생긴 것이다. 남에게 받는 것도 기쁨이지만 남에게 주는 것도 기쁘다. 나눔에는 이상한 계산이 적용된다.

　나눔의 기쁨은 주고받는 사람만이 느끼는 것이 아니다. 자리를 양보하는 사람을 볼 때 내 마음이 흐뭇한 것처럼 좋은 일을 하는 사람을 보면 기쁨과 행복을 느낀다. 이를 '마더 테레사 효과'라고 한다.

　'마더 테레사Mother Teresa 효과'란 테레사 수녀처럼 남을 위한 봉사활동을 하거나 선한 일을 보기만 해도 인체의 면역기능이 크게 향상되는 것을 말한다. 신체도 그 영향을 받아 바이러스와 싸우는 면역물질이 생기는데, 이를 마더 테레사 효과라고 한다. 미국 하버드 의대 교수가 발표한 논문에 실린 내용이며 일평생 봉사와 사랑을 베푼 테레사 수녀의 이름을 따왔다. 테레사 수녀가 힘든 이들과 함께 봉사하는 모습을 시청각으로 보여주더라도 몸과 마음에 변화가 온다. '봉사와 건강이 무슨 상관이야?' 고개를 갸우뚱거릴 필요없다. 과학적으로도 증명되었다. 믿지 못하겠다면 직접 시험해보라. 놀라운 효능을 느낄 것이다.

　집 근처 노인복지관에서는 비슷한 처지의 노인들이 점심도 해결하고 잡담으로 시간을 보낸다. 어느 노인이 농담을 했다. "우리 식구는 번호가 매겨져 있다. 1번이 대학입시 준비를 하는 손주놈이고, 2번이 며느리, 3번이 강아지, 4번이 집안 가장인 우리 아들이지. 나는 꼴찌 5번이다."

노년기는 자기동일성自己同一性의 위기를 겪는다는 점에서 사춘기와 비슷하다고 한다. 지금 당당한 나도 역할을 잃고 사회에서 쓸모없는 노인네 취급을 받는다고 느끼는 순간 '매사가 못마땅한 노인'이 될 수 있기 때문이다.

주위의 친구들을 보면 과거 직장에서의 지위를 대접받으려는 경우가 많다. 결국은 자기만 실망해서 상처받고 외톨이가 되고 만다. 하루빨리 마음을 비우고 과거 대우받던 시절에 대한 미련을 내려놔야 마음 편하게 어울리기 쉽다.

시간과 마음의 여유를 갖고 자신의 기술이나 지식 등을 나누어주는 것이 바로 자기 자신을 행복하게 하는 길

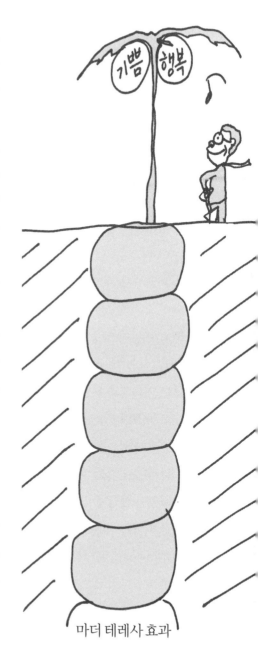

마더 테레사 효과

이다. 자원봉사는 노년기 삶의 질을 높이는 데 결정적인 요소이다. 자원봉사를 통해 퇴직이나 배우자 상실, 자녀독립 등 노년기 상실감을 극복할 수 있기 때문이다. 또 자원봉사를 하면서 새로운 사람도 만나고 새로운 기술도 습득하게 된다. 다른 사람을 돕는다는 만족감이 자아를 긍정적으로 이끌어간다.

2009년도에 상영한 독립영화 〈워낭소리〉가 있다. 이 영화를 보고 나서 너무 빨리 빨리 살아가는 우리 인생이 무슨 의미가 있나 하는 생각을 지울 수가 없었다. 영화 〈워낭소리〉의 줄거리는 이렇다.

평생 땅을 지키며 살아온 농부 최원균 할아버지와 그 곁에서 40여 년을 함께 지내온 늙은 소 한 마리가 있다. 소의 수명은 보통 15년인데 이 소의 나이는 무려 마흔 살, 살아 있다는 게 믿기지 않는다. 이 소는 최고의 농기구이고 유일한 자가용이다. 무뚝뚝한 노인과 무덤덤한 소, 둘은 모두가 인정하는 환상의 친구다. 그러던 어느 봄 최 노인은 수의사에게서 소가 올해를 넘길수 없을 거라는 선고를 듣게 된다.

늙어버린 소를 우시장에 팔러가자 그것을 알았는지 소는 하염없이 눈물을 흘린다. 소가 죽음을 맞이할 때 할아버지는 묵묵히 소의 워낭을 풀어준다. 평생 일만 하던 소는 죽을 때가 돼서야 워낭과 작별을 한다. 사람은 사람을 배신하기도 하지만 소는 절대 배신하지 않는다.

'빨리 빨리'가 아닌 느림은 안전하고 오래간다. 속도는 망각에 비례한다. 빠를수록 쉽게 잊혀진다. 노인과 소처럼 '함께'라는 의미를 되새겨봄 직하다. 40년을 함께 지내온 늙은 소는 정말 노인과 많이 닮아 있다. 인생의 동료로 느릿느릿하지만 원칙을 저버리지 않고 고난을 뚫고 나간다. 이 둘의 관계는 우리 가슴을 뭉클하게 한다.

후반전 인생은 느리게 사는 즐거움을 갖도록 하리라!

젖은 낙엽족에서 벗어나자

일에 쫓겨 이렇다 할 취미도, 노년에 대한 설계와 준비도 없이 퇴직을 맞은 사람에게는 은퇴 후의 인생이 괴롭기만 하다. 일본에서는 이처럼 실패한 남성 노인들을 '젖은 낙엽족'이라고 부른다.

도쿄대학 심리학자인 이사야마 교수가 명명했다는 이 '젖은 낙엽족'은 자립하지 못하고 부인에게 거의 모든 것을 의존하는 노인들을 가리킨다. 마치 젖은 낙엽이 빗자루에 달라붙어 떨어지지 않듯이 부인을 24시간 졸졸 따라다니며 한사코 붙어 있다는 뜻이다.

그동안 부인에게 너무 많은 것을 의존하며 살아오다보니 혼자서는 생활도 못하고, 그렇다고 젊어서 배워놓은 취미도 없는 탓이다. 이래서는 노후생활이 너무 불쌍하다. 가장 행복한 은퇴자들은 퇴직한 후 마음껏 휴식을 취하는 사람들이 아니다. 가장 행복한 사람들은 일을 계속하거나 자원봉사를 통해 그들이 속해 있는 사회에 봉사하는 사람들이다.

나는 집을 떠나 혼자 부천에서 생활을 했다. 직장 여직원들이 "늙어서 주말부부 하는 사람은 나라에 큰 공헌을 한 사람이나 할 수 있다"고 해서 웃은 적이 있다. 혼자 생활하면서 내가 할 수 있는 일이 컵라면을 먹는 것뿐이 없다는 사실에 놀랐다. 그동안 직장생활을 한 것은 나 혼자만의 힘이 아니라 '아내 덕분에 했구나'라는 생각을 뼈저리게 했다.

아침 식사 후 커피 한잔 마시면서 큰일이나 한 것처럼 말했다.

"나처럼 청소기 돌리고, 설거지 잘하는 사람 있으면 나와 보라고 해?"

"아저씨~! 그건 기본이야. 요즘 '삼식이' 하는 남편은 간 큰 남자란 거 알아?"

'삼식이' 하면서 미안한 마음에 나름대로 생색 좀 내려다 오늘도 또 한방 먹었다. 재미있어하며 아내는 환하게 웃는다. 마음고생이 심할 텐데 아픈 내색 없는 환한 얼굴이 좋다. 나에게는 아내가 살아 있다는 게 기적이다.

요즘은 아내에게 하는 말마다 본전도 못 찾는다. 마음속으로는 '45년을 꼬박 직장생활하고 이제 세 달 쉬었다고 벌써 구박하는 거야?'라는 생각에 슬그머니 화가 나려고 한다. 주위의 모든 친구들이 나와 비슷한 것 같다.

누구나 퇴직을 한다. 영원히 현역일 수 없다. 그런데 사회적인 존재에서 자연인으로 돌아올 때의 과도기가 의외로 어렵다.

미국의 국무장관까지 지낸 콜린 파월Colin Powell은 "에고(ego, 자아)를 자신의 지위에서 멀리 두라. 그렇지 않으면 지위가 추락하면서 자신의 에고도 함께 추락한다"고 말했다.

노후에는 먼저 '자기다움'을 찾아야 할 것 같다. 자기다움을 어떻게 찾아야 하나? 타인이 정한 가치가 아니라 스스로 마음이 움직이는 감동을 느껴보아야 한다. 자기가 하고 싶은 일을 하면서 살아가는 것도 한 방법이다. 사회적 성공만이 전부는 아니다. 올라가는 일과 함께 내려오는 데에도 익숙해져야 한다. 기댈 언덕을 없애고 맨 몸으로 사회에 부딪히는 연습을 해야 한다.

은퇴 후에는 나를 버려야 한다. 경청하고 말은 가급적 적게 해야 한다. 나이 들면 입은 닫을수록 좋고 지갑은 열수록 환영받는다고 한다. 어디서나 꼭 할 말만 하고 논평보다는 덕담을 많이 하자. 장광설은 금물이다. 곰삭은 지혜로운 말이나 유머 한 마디는 남을 즐겁게 한다.

'오팔(OPAL)족'이 되라.

오팔족은 '활동적인 삶을 살고 있는 노인들'이란 영어로 Old People with Active Life의 준말이며 일본의 방송 경제캐스터인 니시무라 아키라와 하타 마미코가 2002년 공동으로 저술한 책《여자의 지갑을 열게 하라》에서 처음으로 사용한 용어이다.

오팔족은 일본의 소비경제를 주도하고 있는 다양한 계층 가운데 하나인 힘 있고 도전정신으로 충만한 활동적인 삶을 살고 있는 노인들을 두고 한 말이다. 경제적인 풍요와 의학의 발달로 고령인구가 늘어나면서 등장한 새로운 개념의 노인층이다.

조용히 시간을 보내며 현재에 만족하는 삶이 아니라 적극적이고 활동적으로 자신의 삶을 아름답게 가꾸며 사는 노인들을 일컫는다. 이들은 젊어서부터 쌓은 탄탄한 경제력을 바탕으로 시간적 여유를 즐기면서 건강한 삶을 누린다. 한편, 뚜렷한 개성과 활력을 바탕으로 봉사활동이나 각자에 맞는 취미활동을 하면서 보람 있는 노년을 보낸다.

일본에서는 이미 이들이 새로운 소비계층으로 자리 잡고 있는데 은퇴나 실버라는 말을 싫어하고 활동적이고 진취적이다. 계속 몸을 움직이고 열정적으로 자신이 하고 싶은 일을 하는 것 등이 이들의 주요 특징이다.

'젖은 낙엽족' 체크리스트를 참고해서 잘 타지도 않고 생 연기만 나는 젖은 낙엽족은 되지 말아야 한다. 아주 잘 타는 바싹 '마른 낙엽족'이 되어 건강한 노후생활을 향유해야 하지 않겠는가.

그러고 보니 나는? 완전 젖은 낙엽족이네!

'오팔족'이 되어야겠다!

힘 있고 도전정신으로 충만한 '오팔족'
그렇다면 나는?
완전 젖은 낙엽족이네!
'오팔족'이 되어야겠다!

• 젖은 낙엽족 체크리스트

① 깨우지 않아도 혼자서 일어난다.
② 스스로 이불을 펴고 갠다.
③ 청소기 사용법을 안다.
④ 세탁기를 쓸 줄 안다.
⑤ 빨래를 널고 갤 수 있다.
⑥ 밥을 지을 줄 안다.
⑦ 라면, 계란 프라이 말고도 할 수 있는 요리가 있다.
⑧ 설거지를 할 수 있다.
⑨ 단추를 달 줄 안다.
⑩ 구두를 닦을 수 있다.
⑪ 목욕물을 맞출 수 있다.
⑫ 쓰레기 분리수거일을 기억한다.
⑬ 속옷·양말·양복이 어디 있는지 알고 있다.
⑭ 집의 중요 서류가 있는 장소를 알고 있다.
⑮ 화장지를 값싸게 파는 곳을 알고 있다.
⑯ 혼자 장보기가 가능하다.
⑰ 혼자 집에서 즐길 수 있다(TV시청 제외).
⑱ 동네 세탁소가 어디 있는지 알고 있다.
⑲ 가끔 화분에 물을 준다.
⑳ 쌀·야채의 가격을 알고 있다.

　일본 보육서비스 회사인 ㈜선마크가 개발한 이 체크리스트에서 스스로 할 수 있는 항목이 10개 이하면 장래에 젖은 낙엽족이 될 가능성이 크다. 11~16개이면 젖은 낙엽족으로 발전할 가능성이 농후한 요주의형이고, 17개 이상이면 완전히 자립할 수 있는 사람이다.

나이를 먹어도 노인이 되지 않는 법

노후생활의 외로움을 어떻게 이겨낼까? 누구나 은퇴할 시점은 다가온다. 우리는 늙는다. 지금도 늙어가고 있다.

나이가 들수록 여러 분야에 걸친 방대한 지식과 경험의 축적으로 점차 지혜로워질 수 있다. 나이 차별이나 은퇴라는 용어에 사로잡힐 일이 아니라 오늘보다 나은 내일을 향해 힘찬 발걸음을 내딛어야 한다. 못할 이유가 있겠는가.

사람이 인생을 헤쳐나가는 동안 새로운 친구를 사귀지 못한다면 그는 얼마 지나지 않아 외톨이로 남겨진다. 지식이나 기술도 계속 업그레이드 해야 하는 것처럼 사람도 되도록 많이 만나는 게 좋다.

늘 같은 사람만 만나다 보면 편협해지기 쉽다. 특히, 직업이 전문화되고 고도화될수록 인간관계도 좁아지기 쉽다. 직업상 전문화되고 고도화될수록 인간관계도 좁아지기 쉽다. 직업상 필요한 사람만 만나다 보면 자기주변만 아는 '속 좁은 사람'이

돼버린다.

종교적인 만남, 동호회를 통한 만남, 동창모임 등을 통해 늘
새로운 사람을 만나며 자신의 생활에 생기를 잃지 말아야 한다.
이런 모임에 나가면 학벌이나 소속이 중요하지 않다. 간판이나
직책이 아니라 자연인으로서 일개인의 매력이 평가받는다. 모
임의 분위기를 이끌어가는 능력이나 생활의 지혜, 타인에 대한
배려 등 그 사람 본래의 장점들이 주목받고 인정받는다.

명함은 반드시 필요악만은 아니다. 잘만 사용하면 쉽게 사람
을 사귀고 자신의 개성을 드러내는 도구가 되기도 한다. 요즘
젊은 사람들은 이름 석 자만 가지고도 예쁘고 개성적인 명함을
만드는데, 이 또한 배울 필요가 있다.

정년퇴직한 사람들 중 배짱 있게 '전 ○○상무 아무개'라는
명함을 만들어갖고 다니기도 한다. 개인적으로 연구하는 일에
자신이 생기면 '자유기고가' '자연생태전문가'라는 식의 색다
른 명함도 만들 수 있다. '우암산 지킴이'도 좋고, '실버문화평
론가'도 좋다. 주말에 동호인 모임에 나가거나 홀로 여행을 떠
날 때는 이름 석 자만 새긴 명함을 가지고 다니면서 맨몸으로
세상에 부딪혀보는 것도 좋다.

인생 후반전에는 배우 이순재처럼 늙어가고 싶다. 은퇴이후
인생 후반전에는 많은 것을 내려놓아야 한다. 주변 사람들에게
인정받아야겠다는 욕구가 더 큰 불안과 긴장을 가져온다. 끊임
없이 자기회의에 빠져들 수 있기 때문이다. 주변으로부터 대접

받고자 기다리는 시간은 정작 아무런 도움이 되지 않는다. 나이 들수록 솔선수범해야 건강에도 좋다.

스스로를 낮춘다고 하여 자신의 위치가 낮아지는 것은 아니다. 부족함을 드러냄으로써 혹여 무시당하거나 평가절하되지 않을까 걱정하는 마음은 오히려 스스로를 위축시킨다. 마음을 열고 먼저 자신과 주변사람들에게 손을 내밀 때 비로소 행복은 배로 찾아온다.

나이 여든에도 다양한 배역을 소화하면서 후배연기자들에게 존경받는 배우 이순재* 씨 역시 나이로 권위를 세우기보다 주어진 배역과 작품을 위해 몰입하는 것으로 유명하다. 그는 이렇게 말했다. "나이 먹었다고 주저앉아서 어른 행세하고 대우받으려 하면 늙어버리는 것이다."

그는 고령임에도 시트콤 연기에 도전해 시청률 상승에 일조하기도 했다. tvN의 〈꽃보다 할배〉에선 다들 자는 비행기 안에서 10시간 동안 여행서적을 보며 숙소와 여행지에 대한 공부를 했다. 함께 여행하는 다른 '할배'들을 통솔하기 위해서였다. 권위를 내세울 수도 있고 PD나 다른 출연자들의 도움을 받을 법도 하다. 하지만 언제나 작품을 위해 기대 이상의 역할 변화를 시도한다. 적극적인 모습이 젊은 사람들에게 깊은 인상을 준다.

• 탤런트, 영화배우, 1934년생, 만84세.

인생 연장전에는 김형석 교수처럼 살고 싶다. 선수가 전반전을 뛰더니 너무 지쳐서 후반전을 뛰고 싶지 않다면 당연히 그 선수에겐 휴식을 줘야 한다. 그러나 후반전뿐만 아니라 연장전까지 뛸 수 있어야 한다. 당신에게 아직 체력과 열정이 있다면 연장전에서 승리를 거머쥘 꿈이 있다. 은퇴시기와 나이에 연연할 필요가 없다. 연장전은 물론이고 결승전에도 가야 할 것 아니가.

한국 철학계의 1세대로 평생 후학교육에 매진한 김형석 교수*는 최근에《백년을 살아보니》《행복예습》이라는 책을 출간했다. 100세를 눈앞에 둔 지금도 그는 행복전도사를 자처하며 쉬지 않고 글을 쓰며 강의를 한다.

우리가 노老 철학자의 가르침에 귀 기울여야 하는 이유는 온몸으로 터득한 삶의 지혜를 아낌없이 후대에 나눠주려 하기 때문이다. 99세가 된 노老 철학자는 "행복은 주어지거나 찾아가는 것이 아니라 언제나 우리 삶 속에 있었다"고 말한다.

과연 성공한 삶이 행복한 삶인가. 사실 젊을 때는 행복에 대해 진지하게 고민하지 않는다. 예순이 넘어서야 비로소 내가 살아온 삶이 어떤 의미가 있나? 생각하게 된다.

사람들은 성공과 행복을 동전의 양면 같다고 한다. 행복이 없는 곳에는 성공도 없다고 생각한다. 이렇게 생각하던 시대 또한

* 대학교수, 철학자, 1920년생, 만98세.

지나갔다. 이제는 "일 자체를 즐기는 사람이 행복한 사람"이라고 말한다.

노익장 김형석 교수는 또한 말한다. "각자 자기 인생의 길에서 즐거움과 행복을 누리는 것이야말로 진정한 성공이다. 하나의 성공을 위해 아홉의 인생을 버린다면 성공은 실패로 바뀌고 행복은 불행으로 전락할 것이다." 내 나이 만 63세, 이제부터 황금기인가? 그는 인생의 황금기를 60세부터라고 말한다. 60세가 되어야 성숙해진다는 것이다. 내가 나를 믿고 내 가치관에 따라 인생을 살 수 있는 나이가 60세이다.

만약 100의 능력을 가진 사람이 70의 결과를 얻고 60의 능력을 가진 사람이 60의 결과를 얻었다면 누가 성공한 것일까. 당신은 누가 성공한 사람이라고 생각하는가? 대부분 70의 결과를 남긴 사람이 성공했다고 생각한다. 그러나 60의 결과를 얻은 사람이 성공한 것이다. 최선을 다했기 때문이다. 누가 행복했는가 묻는다면 60을 남긴 사람이다.

나이가 들면 가장 큰 문제가 고독이다. 친구도 사라지고 아내도 가버렸다면…… 사람들을 자주 만나고 같이 식사도 하고 영화도 보고 전시회도 다니고 사람을 만날 수 있다는 게 얼마나 감사한 일인가!

노년기에 버림받지 않고 사회에서 대우 받으려면 '삶의 지혜'와 '모범'이 필수이다. 지혜를 갖추고 작은 일에도 모범을 보여주어야 한다. 80살 이후에도 모범된 모습을 갖추지 못한다면 인생의 결실기를 놓친 결과다.

나이 들면서 향기로운 열매를 맺을 수 있을까……. 그 향기로 주변 사람들을 취하게 할 수 있다면 얼마나 아름다운 노년인가!

제7장 · 죽음 아름답게 이별할 권리

나 하늘로 돌아가리라.
아름다운 이 세상 소풍 끝내는 날,
가서, 아름다웠노라고 말하리라.

　　　　　　- 천상병 〈귀천〉 중

생전生前유언장 작성

"엄마 잘 주무셨어요?"

"너 누구니?"

"큰 아들 성현이야. 나 몰라?"

"너 언제 왔니?"

"어제 밤에 왔는데 생각 안 나?"

"몰라."

나의 어머님은 만 90세다. 치매 3등급이다. 요양보호사의 도움을 받아 생활하고 있다. 앞으로 어떤 상황이 벌어질지 아무도 예측할 수 없다. 매일 매일 살얼음판이다. 어머님을 볼 때마다 나의 미래 모습은 어떤 모습일까, 상상하게 된다. 나는 저런 모습을 자녀들에게 보여주고 싶지 않다.

"나는 108세까지 일하기로 했다"고 자식들에게 말하곤 한다. 암에 걸려도 수술 받지 않고 자연치료를 하겠다, 병원에 입원도 안 하겠다. 물론 자식들의 반발은 거셌다. 하지만 갑작스런 불치병이 생긴다면 어떻게 할 것인가? 자식들은 당황할 것이다.

죽음은 젊고 늙음에 상관없이 찾아온다. 문제는 아무 병도 없고 예고도 없이 덜컥 죽는 돌연사나 사고사이다. 인간은 누구나 죽음을 두려워한다. 그래서 죽음의 형태에 관심이 있고 죽음의 권리도 주장하게 된 것이리라. '죽음의 권리'라 하면 1993년 네덜란드에서 조건부로 의사에 의한 안락사를 인정하는 법률이 세계 최초로 시행되고 있다.

안락사는 본시 죽음의 고통을 덜어주기 위해서 아편이나 수면제 등을 사용하는 일부터 시작되었다. 시금은 식물인간이나 말기 암환자를 위해 의도적으로 죽는 시기를 앞당겨서 죽음의 고통에서 빨리 해방시켜주는 데 있다.

인간의 최고의 존엄사는 노쇠해서 죽는 자연사다. 회복 가망이 없는 경우 환자의 의사표명으로 생명유지 장치를 제거하면 된다. 인간으로서 존엄성을 지키면서 삶을 끝내는 죽음이다. 치료라고 하기보다는 고통을 덜어주는 데 큰 의미가 있다.

참을 수 없는 육체적 고통을 덜어주거나 완화할 방법이 없다. 죽음을 피할 수 없을 정도로 위독하다. 환자의 명백한 의사표시가 있는 등의 조건이 구비되었다. 이럴 때 과잉 연명치료를 그만두고 존엄 있는 자연사를 선택하는 것도 괜찮은 일이 아닐까.

아직까지는 사회통념상, 인정상, 인륜이나 법률상 여러 가지 복잡한 문제가 있다. 만약 존엄사, 즉 자연사를 환자가 꼭 희망한다면 의식이 확실할 때 또 돌연사로 덜컥 죽는 때를 대비하여 리빙 윌*을 써 놓는 것을 한번 생각해볼 만하다.

* Living Will, '생전유서'라는 뜻으로 죽음을 위한 선언서를 말한다.

• 존엄한 죽음을 위한 ○○○의 선언문

　내 병이 불치병으로 소생 희망이 없다고 판단되면 내 가족과 의료에 종사하는 여러분에게 다음과 같이 요망사항을 선언한다. 이 선언서는 나의 정신이 건전한 상태에서 쓴 유언장이다.

1. 내 병이 불치의 상태에 있고 최후의 순간이 되었다고 진단되면 모든 연명장치는 일체 제거하고 자택으로 이송한다. 가능하다면 처음부터 병원에 가지 않고 집에서 치료해주기를 바란다. 집에서 죽고 싶다.
2. 다만 이 경우 내 고통이 심하면 약물이나 주사 등 고통을 덜어주는 최선의 방법으로 고통을 시술해주기 바란다. 주사, 심장충격, 강제급식, 산소주입 또는 수혈은 결코 바라지 않는다.
3. 나는 단식을 하다 죽고 싶다. 그러므로 죽음이 다가오면 나는 음식을 끊고, 할 수 있으면 마시는 것도 끊기를 바란다.
4. 내가 식물인간으로 인사불성 상태에 빠지면, 즉 뇌사, 암 말기, 치매, 심장병 등이 오면 모든 치료는 거절한다. 특히 항암치료는 절대로 하지 마라. 자연사로 고귀하고 존엄한 죽음으로 이 세상을 하직하고 싶다.
5. 나의 장기와 시신은 병원에 기부하고 장례는 화장해서 고향 선산의 나무아래 뿌려 주기 바란다. 어떤 장의업자나 그밖의 직업으로 시체를 다루는 사람의 조언을 받거나 불러들여서는 안 되며, 어떤 식으로든 이들이 내 몸을 처리하는 데 관여해서는 안 된다.

6. 어떤 장례식도 열려서는 안 된다. 어떤 상황에서든 죽음과 재의 처분 사이에 언제, 어떤 식으로든 스님이나, 목사 그밖에 직업종교인이 관여해서는 안 된다.
7. 재산이라곤 우리 부부가 살아온 아파트뿐이고 감가상각이 다 된 걸로 아는데 공매처분 후에 남은 게 있으면 아들, 딸 둘이 똑같이 나누어 가져라.
8. 혹시 현금이 통장에 남아 있다면 나의 직계가족을 데리고 야외에 나가서 나의 천국 생활을 축복하면서 노래하고 춤추고 진탕 놀고 니나노 부르면서 집으로 돌아가기 바란다.

내가 타계하여 가더라도 천국행은 걱정 말아라. 생전에 크게 잘못하거나 잘한 일도 없으니 일등 천국은 아니더라도 3등 천국은 간다고 봐야 하지 않겠는가. 오랫동안 어미, 아비 봉양하느라 고생 많았다. 우애 있게 잘 지내라.

년 월 일
부 이름(서명)
모 이름(서명)
공증인 이름(서명)

아들 ○○○, 딸 ○○○ 앞

특별한 서식은 없으니까 그저 편지 쓰듯 이야기하는 기분으로 써보는 것이다. 일 년에 한두 차례 삭제하고 첨가하고 수정하면 된다. 죽음이란 마지막으로 나눔과 사랑을 실천할 수 있는 기회이기도 하다. 유언장이 뒤에 남은 가족들에게 따뜻한 위로가 될 수 있다면…….

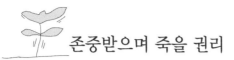

존중받으며 죽을 권리

내가 살던 집에서 존엄하게 죽음을 맞이할 수 있을까? 내가 살아온 인생을 마감하는 방식은 나 스스로 결정할 수는 없을까? 인간으로서 누릴 수 있는 마지막 행복은 어떤 죽음일까? 스코트 니어링Scott Nearing은 100세가 되던 해에 스스로 곡기를 끊어버리고 죽음을 택했다. 아무나 할 수 없는 일이다.

무엇이 존엄사(尊嚴士, Dead with Dignity)이고 무엇이 생명의 신성함(Sanctity of Life)인가? 사람이 식물인간 상태에서 산소호흡기를 떼느냐 마느냐보다 식물인간이 되기 전까지 인생을 어떻게 살아왔느냐가 존엄사의 척도가 돼야 한다.

세상에 왔다가 가면서 죽음 앞에 스스로 웃을 수 있다면 존엄사이다. 또 주변인 몇 명이라도 고인에 대해 남을 해친 적이 없는 사람, 남을 배려한 사람이라고 회고한다면 잘 살아온 것이고 존엄사이다. 사후死後에 좋은 이름을 남기는 것이 바로 존엄사이다.

전 세계 여러 나라들이 엄격한 요건 아래 존엄사를 허용하고 있다. 한국에서는 2016년 제정된 「호스피스·완화의료 및 임종 과정에 있는 환자의 연명의료 결정에 관한 법률(연명의료결정법)」에 따라 2018년 2월부터 존엄사가 가능해졌다.

안락사는 환자의 고통을 줄이기 위해 인위적인 방법으로 죽음에 이르게 하는 행위를 일컫는다. 어떤 방식을 사용하느냐에 따라 적극적 안락사와 소극적 안락사 등으로 구분한다. 적극적 안락사는 약물 등 적극적인 수단을 사용해 생명을 단축시키는 행위다.

소극적 안락사는 생명을 연장할 수 있는 적극적인 수단을 취하지 않음으로써 환자를 죽음에 이르게 하는 경우를 말한다. 존엄사는 생명연장을 위해 필요한 수단을 제거해 환자가 자연사에 이르게 한다는 점에서 소극적 안락사에 가깝다. 대부분 나라에서 적극적 안락사는 허용되지 않는다.

평생 나쁜 짓만 하고 이웃으로부터 욕만 먹고 살아온 사람이 죽는 순간 생물학적으로 편안하게 죽었다고 존엄사라고 말할 수 있을까? 편안한 죽음이란 이승을 하직할 때 육체적인 편안함이 아니라 정신적으로나 영적으로 후회없이 편안하게 맞이할 수 있는 죽음이다.

LG그룹 고故 구본무 회장은 고인의 뜻에 따라 연명치료를 하지 않았다. 비공개 가족장으로 간소하게 치러졌다. 화장한 뒤 곤지암 인근에 비석과 봉분을 만들지 않는 수목장樹木葬으로 장례를 치렀다. 나도 존경하는 분으로 귀감이 되는 분이시다.

어머니는 나만 보면 말씀하신다.

"나는 죽으면 월전리는 안 가."

"왜 안 가? 고향 선산에 아버지 옆으로 가야지?"

어머니는 한限이 맺혀서 그런지 죽어서도 아버지 옆으로 가는 것을 싫어하신다. 아무리 설득해도 소용이 없다.

"화장해서 구인사救仁寺 가는 곳 나부 밑에 뿌려다오."

사람은 누구나 죽는다. 나는 한동안 풍수지리에 관심이 있어 죽으면 명당자리에 묻히고 싶었다. 최근에는 화장火葬해서 수목장을 했으면 하는 바람이다. 지난 추석 때는 벌초伐草하기 싫어 가족묘를 시멘트로 포장을 한 사진도 보았다.

앞으로 화장火葬하려는 사람들이 늘어날 것이다. 우리나라 매장문화는 많이 바뀌고 있다고 한다. 사후에 매장을 하지 않고 화장을 한다면, 시신을 의미 있게 사회에 기증하는 것도 좋겠다는 생각을 하게 됐다.

"승규 엄마가 사후 장기기증 희망등록을 했데!"

"나도 할까?"

"당신은 술을 많이 드셔서 쓸 만한 것이 있을까?"

"의과대학 해부용으로는 가능할 걸."

"그럼, 같이 등록 신청해볼까?"

"살아서 좋은 일도 못했는데 죽어서나 좋은 일 하지, 뭐!"

'장기기증희망등록'은 불의의 사고로 사후 또는 뇌사腦死 시에 장기를 기증하고 싶다는 의사표시로 살아있을 때는 기증이 이루어지지 않는다. 장기기증은 애타게 기다리고 있는 우리 이웃에게 사후 신체기증을 통해 희망과 생명을 나누어 줄 수 있어서 매우 뜻있는 일이라고 할 수 있다. 시신기증은 의학발전을 위하여 조건 없이 의과대학 해부학 교실에 기증하는 것으로 2~3년의 기간이 소요된다고 한다. 실습이 끝나면 화장할 때 보호자의 의사에 따라 동행하거나 분골粉骨로 돌려받을 수 있다.

신동엽 씨는 2009년 장기기증 희망등록을 했다. 장기기증은 누군가의 생명을 구할 수 있는 의미 있는 일이라며 "처음에는 각막角膜만 하려 했지만 생각이 바뀌어 기증희망등록을 하게 됐다"고 말했다. 장기기증을 약속한 연예인은 최지우, 김지수, 하지원, 장혁, 페이 등 많이 참여하고 있다. 인체조직 기증은 14~80세까지 누구나 가능하다.

전북대학교병원에서 고창중 1학년 김 모 군(12세)은 뇌사판정을 받은 후 부모님의 뜻에 따라 심장과 간, 췌장, 신장 2개 등 장기를 5명의 만성질환자에게 기증하고 하늘로 떠났다. 영국에서는 10대 소녀가 장기와 조직 기증을 통해 17명의 생명을 구한 경우도 있다.

네덜란드 정부는 국민 전체를 잠재적인 장기기증자로 간주하고 거부의사를 밝히지 않으면 사후 장기를 기증토록 하는 행정을 2020년도에 시행할 계획이다. 우리나라는 장기기증 희망자가 전 국민의 2.6%로 아직은 참여율이 저조하다.

삶과 죽음은 무엇일까? '모래시계'가 아닐까, 말하는 사람이 있었다. 생명이 시작되는 순간은 또한 죽음이 시작되는 것이란다. 그렇다면 삶과 죽음은 동시에 생기는 것이 아닐까. 삶과 죽음은 한 몸이라는 생각이 든다. 태어나면 반드시 죽는다. 이것이 불변의 자연법칙이다.

나이 들어 갖게 되는 생각 중 으뜸은 편안하게 잘 죽었으면 좋겠다는 바람이다. '구구팔팔 이삼사'라는 말도 있다. 그러나 죽음에 대한 두려움 때문에 그 편안한 죽음에 대한 준비를 하는 사람은 그리 많지 않다. '죽기 전에 회계하라'는 말은 지금 즉시 회계하라는 뜻이다. 언제 죽을지 모르기 때문이다.

죽을 때 후회되는 것을 말하라면 사람들은 대부분 다음의 세 가지를 꼽는다. 첫째는 왜 좀 더 베풀지 못했을까 하는 후회, 둘째는 좀 더 참았어야 하는데 하는 후회, 세 번째는 좀 더 즐기며 행복하게 살 수 있었는데 하는 후회이다.

메멘토 모리!

나는 죽을 때 어떤 모습일까?

죽을 때 사람들은 무엇을 후회할까?
첫째, 왜 좀 더 베풀지 못했을까?
두 번째, 좀 더 참았어야 하는데……
세 번째, 좀 더 즐기며 행복하게 살 수 있었는데……

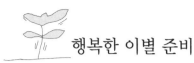 행복한 이별 준비

2015년 아내가 암 판정을 받았다. 유방암이다. 초기에 이상을 느꼈음에도 대수롭지 않게 생각했다. 수술이 두려워 6개월 동안 맥반석 찜질방을 다니는 등 자연치유를 하다가 결국은 수술을 했다. 다행히 수술은 잘 됐다. 하지만 항암치료를 여덟 번 해야 한다고 했다.

항암치료를 받고 온 10일 동안은 잠도 못 자고 고통스러워하는 모습을 차마 볼 수가 없었다. 네 번의 항암치료를 받고 중단했다. 더 이상 고통을 감당할 수가 없었다. 더군다나 고관절의 무혈성 괴사증으로 잘 걸을 수도 없었다. 다행히 상태는 더 나빠지지 않고 호전되었다.

항암치료 과정을 지켜본 나는 암진단을 받는다 해도 암수술과 항암치료를 거부한다고 가족에게 말했다. 항암치료는 건강한 사람도 죽을 수도 있겠다는 생각이 들 정도로 끔찍했다. 만일 내가 암투병 과정에서 고통을 호소하면 차라리 진통제를 놔 달라고 하겠다. 지금도 그때 고통스러워하는 모습을 생각하면 몸서리가 쳐진다. 자식들이 펄쩍뛰며 반대하지만 나는 단호히 암수술과 항암치료를 거부한다. 생전에 유언장에 명시하겠다.

두렵고 불안했다. 어느 날 갑자기 아내가 내 곁을 떠난다면 어떤 기분일까? '삶과 죽음'을 생각했다. 비행기가 추락해도 살 사람은 살고 접시 물에 코 박아도 죽을 사람은 죽는다. 죽음을 두려워 말고 '삶의 일부'라고 생각하자. 생전에 유언장도 쓰고 생전生前 장례식을 통해 정신이 있을 때 아름다운 추억을 나누면 좋겠다고 생각했다.

죽음을 어떻게 맞이해야 할까? 예전에도 가끔 생각했다. 아이들에게도 가끔 말하곤 했다. 몇해 전 중학교 동창이 갑자기 하늘나라로 갔다. 남은 가족들은 얼마나 황당하고 슬펐을까? 너무 허망하지 않은가.

건강하게 오래 산 어른이 어느 날 저녁 잘 먹고 아침에 일어나지 못하는 경우가 있다. 이런 죽음에 대해 무병장수하고 깨끗하게 잘 가셨다고 덕담을 한다. 잠자다가 그냥 떠나버리거나 사랑하는 사람들과 작별할 기회도 없다면 아쉬움은 남는다. 나는 병상에 누워 사랑하는 이들과 작별하거나 병원 영안실의 검은 띠 두른 네모난 틀 안에 갇혀 절을 받고 싶지 않다.

장례식은 떠난 이의 명복을 비는 행사인 동시에 상실감에 빠진 유족을 위로하는 자리이다. 그러나 내가 잘 알지 못하는 아이들의 친구나 거래처 직원들이 내 장례식에 오는 것을 원치 않는다. 웃는 얼굴로 함께 살아온 이들과 마지막 인사를 나누고 싶다. 내 삶과 죽음을 애통함이 아니라 아름다운 기억으로 남게 하고 싶다.

생전生前장례식을 준비하자. 연암燕巖 박지원은 노환으로 거동을 할 수 없게 되자 약을 물리치고 술상을 차려 친구들을 불러들였다. 친구들이 말하고 웃는 소리를 들으면서 죽음을 맞이했다. 연암 선생의 시대에 비하면 훨씬 더 여유 있게 마지막을 준비할 수 있다.

미국의 유명한 회계법인 KPMG회장이었던 유진 오켈리 Eugene O'Kelly는 53세에 죽었다. 그가 뇌암 확진을 받았을 때 남은 시간은 석 달뿐이었다. 오켈리는 삶의 기억을 공유하는 이들에게 편지와 전화로 작별인사를 했다. 그 수가 1천 명이 넘었다. 가까운 친지들을 초대해 좋은 식당에서 고급 와인을 나누면서 추억거리를 만들었다. 그 90일 동안의 경험과 사색을 책으로 남겼다. 그는 자기의 삶을 충분히 음미하면서 지구를 떠났다.

2018년 8월 14일 암투병 중인 김병국 노년 유니온 위원장의 본인 장례식이 열렸다. 그는 살아있을 때 사람들을 초대해 장례식을 치러야겠다고 생각했다.

"손잡고 웃을 수 있을 때 작별인사를 나누고 싶습니다. 장례식, 꼭 죽어서 해야 하나요? 살아 있을 때 하고 싶습니다."

김 위원장은 장례식 초대장에 이렇게 썼다.

"손을 잡고 웃을 수 있을 때 인생의 작별인사를 나누고 싶습니다. 감사의 인사를 나누고 싶습니다. 감사의 인사를 전하고 싶습니다. 화해와 용서의 시간을 가지고 싶습니다. 고인이 되어서 치르는 장례가 아닌 임종臨終 전 가족, 지인과 함께 이별인사를 나누는, 살아서 치르는 장례식을 하려고 합니다. 검은 옷 대신 밝고 예쁜 옷 입고 오세요."

파티에는 음악이 중요하다. 즐거운 인생, 챔피언, 아 옛날이여도 좋겠다. 소풍 같은 인생, 바램, 보약 같은 친구, 최고의 친구, 천년지기, 고로해서, 남자라는 이유로, 연모, 우중의 여인, 애정이 꽃피던 시절도 불러주면 좋겠다.

우리 민요 사철가와 사랑가는 음악으로 들려주면 좋겠다. 케니지Kenny G의 색소폰 연주도 들려주면 좋겠다. 술이 빠질 수 없다. 독일산 맥주와 프랑스산 고급와인, 소주와 막걸리도 있어야 하겠다.

이것을 나는 '생전生前 장례식'이라고 해야 할지 모르겠다. 여기에 누구를 초대할까? 나는 이 파티에 뜻을 함께하고 정을 나누었던 사람들을 초대한다. 아내가 건강하고 아내가 찬성한다면 둘이 함께 초청인이 되어야 한다. 우선 우리 아이들, 사위와 며느리, 손자와 손녀들, 가깝게 교류했던 친척들도 초대해야 한다.

고향의 친구들, 아직 살아서 파티에 올 기력이 있다면 초등학교 및 중·고등학교 친구들도 초대해야 마땅하다. 직장에서 같이 근무했던 입사동기들, 농사모회원 가족 부부들, 북삼회원들,

육룡회원들, 청박회원들은 빠뜨리지 말아야 한다. 소리향기색소폰 동호회원들도 초대해야 한다. 여기에 오는 모든 손님들에게는 절대 '사후死後 장례식'에는 오지 말라고 부탁하겠다.

장소는 시설 좋은 식당이나 웨딩홀이면 좋겠다. 초대받은 손님들은 십시일반 자기 몫의 회비를 들고 오게 하고 출장뷔페를 준비하겠다. 살 날이 얼마 남지 않았으니 더 필요한 것도 없다. 선물은 돈으로 살 수 없는 손으로 쓴 편지나 기타 반주에 맞춘 노래나 색소폰 연주로 마음을 나눌 수 있으면 좋겠다.

이것은 추억, 사랑, 용서를 위한 파티이다. 내가 한 일들이 다른 사람에게 준 기쁨이나 아픔을, 타인에게서 받았던 즐거움과 상처를 되짚어볼 것이다. 이미 지난 일이다. 달라질 것은 하나밖에 없다. 고백하고 화해함으로써 남은 자의 삶과 떠나는 자의 죽음이 더 평화로워질 수 있다. 이런 것이 좋은 작별이 아닐까.

잔치가 끝나고 나면 내 삶이 길 수도 짧을 수도 있지만 내 정신은 사라지고 육체만 남을 것이다. 내가 다 쓰고 떠난 육신이 다른 사람의 생명을 살리는 일에 쓰인다면 얼마나 좋을까. 오래 썼지만 혹시 쓸모가 있는 것이 있다면 주도록 하겠다. 줄 수 있는 것이 하나도 남지 않은 몸은 의과대학 해부학 실습용으로 쓰게 하면 좋겠다.

마지막으로 화장火葬이다. 수의로 감싸고 관에 넣어 묻어도 결국 흙으로 돌아간다. 그런 과정을 생략하고 곧바로 육신을 자연으로 돌려보내는 게 화장이다. 다 태우고 남은 것을 숲에 묻도록 부탁하리라. 유골함은 사양한다. 그저 잘 썩는 천으로 만든 보자기에 싸서 묻으면 된다.

생각이 날 때 언제든 소풍 오듯 와서 꽃 한 송이 놓아주고 나무 그늘아래 둘러앉아 서로 안부를 나눌 수 있다면 좋지 않겠는가. 그것으로 충분하다. 제사는 지내지 말라고 할 것이다. 촛불 켜고 음식을 차린 제사상이 아니라 새가 노래하고 바람이 부는 자연의 품에서 그런 기회를 가지길 바란다.

삶은 준비 없이 맞았지만 죽음만큼은 잘 준비해서 임하고 싶다. 애통함을 되도록 적게 남기는 죽음, 마지막 순간 자신의 인생을 긍정할 수 있는 죽음이 좋은 죽음이다. 나는 그렇게 웃으며 지구를 떠날 수 있을까……

아름다운 죽음

당신이 세상에 나타났을 때
당신은 울고 주위의 모든 사람들은 기뻐했다.
이 세상을 떠날 때는
당신은 기뻐하고 주위의 모든 사람들은 울도록
삶을 살아야 한다.

평생 현역으로 살 것처럼 계획하고
오늘이 마지막 날인 것처럼 살리라!

시작할 때부터 두려움과 불안함이 많던 글쓰기였습니다. 글을 쓰는 동안 '나는 정말 정직하게 쓰고 있는가'를 끊임없이 자문했습니다. 자신 있게 대답할 수 없었습니다. 내용상 다소의 자만, 과장, 축소가 있을 수 있습니다. 책 출간은 생각하지도 못했던 일이라 홀가분합니다. 쉽지 않은 여정이었지만 책을 쓰겠다고 가족들에게 선포한 지 100일째 되는 날에 A4용지 120쪽에 달하는 원고를 완성할 수 있었습니다.

다시 또 100일이 되는 날에는 어떤 일이 기다리고 있을까? 설레고 기다려집니다.

"백만 명의 독자가 예상되지 않는 책이라면 단 한 줄의 글도 쓰지 마라"는 말을 괴테는 남겼습니다. 하지만 이 책을 통해 한 분의 독자라도 어제보다 더 평안하고, 풍요롭고, 여유로운 은퇴 후 삶에 대한 도움이 되었다면 저자로서 더 바랄 것이 없겠습니다.

저 역시 이 책을 쓰면서 많이 배우고 용기를 얻었기 때문입니다. 어쩌면 은퇴준비에 실패한 나로서는 실패는 실패가 아니라는 것을 말입니다. 끝날 때까지 끝난 게 아니다. 후반전도 있고 연장전도 있으니까요.

불혹不惑도 지천명知天命도 이순耳順도 종심從心의 나이도 늦은 때는 아닙니다. 우리는 매순간 새롭게 태어납니다. 지금 이 순간 새롭게 태어났는데 무엇을 포기해야 합니까? 나의 포기하지 않는 자세는 삶이 끝나는 순간까지 지속될 것입니다.

이 책을 쓰게 된 동기를 주신 치매로 고생하시는 91세의 어머님, 암투병 중이면서도 내색 하나 없는 사랑하는 아내 그리고 원고를 읽고서 정리해준 멋진 아들딸 같은 며느님, 예쁜 딸과 함께 출간의 기쁨을 나누고 싶습니다.

오늘의 나는 농협을 떠나서는 생각할 수 없습니다. 40여 년 농협에서의 생활, 같이 근무했던 미운 정, 고운 정을 나눈 동료직원들을 잊을 수가 없습니다. 그들의 행복한 노후를 응원합니다.

당나라 때 명시인 백거이白居易가 항주 자사刺史로 부임했을 때의 일이다. 항주 근처의 사찰에 도림道林이라는 이름난 고승이 있었다. 도림은 노송 위에 올라가 좌선을 하는 기이한 버릇이 있었다. 사람들은 그가 나무 위에 둥지를 틀고 있는 새 같다고 해서 조과선사鳥窠禪師라고 불렀다. 불경에도 해박했던 백거이는 소문을 듣고 도림선사를 찾아가 그 고승을 시험해보기로 했다.

나무 위의 도림에게 백거이가 단도직입적으로 물었다. "불법의 깊고 큰 뜻은 무엇이라고 생각합니까(如何是佛法嫡嫡大義)?" 이에 도림선사는 이렇게 대답했다. "나쁜 짓을 하지 말고 착한 일을 받들어 행하라. 자기의 마음을 맑게 하면 이것이 곧 부처님의 가르침이다(諸惡莫作 衆善奉行 自淨其意 是諸佛敎)."

대단한 가르침을 기대했던 백거이는 신통치 않다는 표정으로 되물었다. "그거야 삼척동자도 다 아는 일 아닙니까?" 도림은 침착한 어조로 말했다. "하지만 팔십 노인도 행하기는 어려운 일이오." 이에 백거이는 크게 깨달아 지행합일知行合一을 이루었다.

이 책에 있는 내용은 이미 독자들이 다 알고 있는 내용들입니다. 우리가 정말 알아야 할 것은 유치원에서 이미 다 배웠다는 말이 있습니다. 인간관계나 비즈니스 관계의 기본원리는 너무나 단순합니다. 그러나 그것을 실천하기는 정말 어렵습니다. 그래서 세상에는 성공하는 사람보다 실패하는 사람들이 훨씬 더 많은가 봅니다.

아는 것이 힘이라고 하지만 그것은 옳은 말이 아닙니다. 아는 것을 실천했을 때만 힘이 됩니다. 우리가 원하는 곳으로 갈 수 있는 방법은 지식이 아니라 실천입니다. 실천하는 사람만이 원하는 곳에 먼저 도착합니다.

우리가 경계해야 할 일은 책을 읽고 실천하지 않는 것입니다. 처세 관련 책을 수없이 읽지만 여전히 관계의 문제로 고민하는 사람들이 많습니다. 자기계발 책 속에 파묻혀 살지만 변화된 모습으로 거듭나지는 못합니다. 읽고 이해하지만 실천하지 않기 때문입니다. 성공하기 위한 노하우가 분명한데도 실제 행동으로 옮기는 사람은 1퍼센트밖에 되지 않습니다. 그러므로 성공하는 것은 간단합니다. 실천하는 1퍼센트에 들어가면 됩니다.

독자 여러분들이 이 책을 통해 실천함으로써 자신의 달라진 모습으로 거듭날 수 있길 바랍니다. 그래서 원하는 것을 더 많이 얻었으면 좋겠습니다. 더 행복하고 풍요로운 삶을 살 수 있길 간절히 소망합니다. 평생 현역으로 살 것처럼 계획하고, 오늘이 마지막 날인 것처럼 살겠습니다.

지금도 가족사진과 저의 경영학 박사학위 논문집을 머리맡에 두고 계시는 어머니께 이 책을 바칩니다. 사랑합니다! 건강하세요!

이제 모든 한限을 다 내려놓으시고 용서하시어 마음이 편안해지시길 바라면서……

■ 참고문헌

권선복 지음,《행복에너지》, 행복한에너지, 2014.

고득성 지음,《돈 걱정 없는 노후 30년 두 번째 이야기》, 다산북스, 2008.

고득성·정성진·최병희 지음,《돈 걱정 없는 노후 30년》, 다산북스, 2006.

고미숙 지음,《동의보감:몸과 우주 그리고 삶의 비전을 찾아서》, 그린비, 2011.

김난도 지음,《아프니까 청춘이다》, 쌤앤파커스, 2010.

김동선 지음,《마흔 살부터 준비해야할 노후대책 일곱 가지》, 나무생각, 2005.

김준성 지음,《한 번뿐인 내 인생 10대부터 준비한다》, 행복한가게, 2004.

김창기 지음,《돈 안 드는 노후준비 7원칙》, 김&정, 2009.

김태한 지음,《루저》, 교육과학사, 2017.

김현태 지음,《소중한 인생을 위한 행복쪽지》, 파라북스, 2008.

김형래 지음,《나는 치사하게 은퇴하고 싶다》, 청림출판, 2010.

니시무라 아키라·하타 마미코 지음, 심혜영·김보래 옮김,《여자의 지갑을 열게 하라》, 청년
정신, 2002.

레프 톨스토이 지음, 강현규 엮음, 이선미 옮김,《지금, 여기, 당신》, 원앤원스타일, 2015.

레프 톨스토이 지음, 이상길 편역,《톨스토이의 인생을 어떻게 살 것인가》, 책만드는집, 2014.

바바 하리다스 지음, 류시화 엮음,《산다는 것과 초월한다는 것》, 성정출판사, 1989.

발타자르 그라시안 지음, 쇼펜하우어 엮음, 두행숙 옮김,《세상을 보는 지혜》, 둥지, 1991.

사토 도미오 지음, 이수미 옮김,《배우고 익히면 즐겁지 아니한가》, 위즈덤하우스, 2009.

서민석 지음,《서른일곱, 63년의 목표》, 북씽크, 2016.

스티븐 킹 지음, 김진준 옮김,《유혹하는 글쓰기》, 김영사, 2007.

송양민 지음,《준비된 노후는 아름답다》, 삼성경제연구소, 2008.

앤드류 매튜스 지음, 홍은주 옮김,《자신 있게 살아라》, 고도, 1998.

양병무 지음,《일생에 한 권 책을 써라》, 21세기북스, 2012.

어니 J. 젤린스키 지음, 김상우 옮김,《은퇴생활백서》, 와이즈북, 2006.

오동희 지음,《부모가 읽으면 무릎을 치는 옛글》, 럭스미디어, 2011.

오종남 지음,《은퇴 후 30년을 준비하라》, 삼성경제연구소, 2009.

와타나베 쇼이치 지음, 김욱 옮김,《지적으로 나이 드는 법》, 위즈덤하우스, 2012.

유시민 지음,《어떻게 살 것인가》, 생각의길, 2013.

유지송 지음,《은퇴 달력》, 비즈니스북스, 2015.

유진 오켈리 지음, 박상우 옮김,《인생이 내게 준 선물》, 꽃삽, 2006.

윤영걸 지음,《내 인생의 오후》, 미래에셋퇴직연금연구소, 2010.

윌리엄 새들러·제임스 크레프트 지음, 김경숙 옮김,《핫 에이지, 마흔 이후 30년》, 사이, 2008.

이민규 지음,《끌리는 사람은 1%가 다르다》, 더난출판, 2005.

이승헌 지음,《나는 120살까지 살기로 했다》, 한문화, 2017.

이시형·이희수 지음,《인생내공》, 위즈덤하우스, 2014.

이어령 편저,《문장백과대사전》, 금성출판사, 1988.

이정훈 지음,《불리한 청춘은 있어도 불행한 청춘은 없다》, 느낌이있는책, 2015.

전기보 지음,《은퇴 후, 40년을 어떻게 살 것인가》, 미래지식, 2013.

조병준·김후정 지음,《어떻게 돈 걱정 없이 살 것인가》, 한국경제신문, 2012.

전유상 지음,《인생에는 정년이 없다》, 어문각, 1994.

조셉 규거맨 지음, 송기동 옮김,《첫 문장에 반하게 하라》, 북스넛, 2007.

조영석 지음,《이젠, 책 쓰기다》, 라온북, 2011.

존 블룸버그 지음, 박산호 옮김,《카르페 디엠》, 토네이도, 2006.

쿠르트 호크 지음, 강희진 옮김,《나이 들지 않으면 알 수 없는 것들》, 브리즈, 2008.

트리샤 맥네어 지음, 서에진 옮김,《수명연장 방정식》, 성균관대학교 출판부, 2008.

한승원 지음,《한승원의 글쓰기 비법 108가지》, 푸르메, 2008.

헬렌 니어링 지음, 이석태 옮김,《아름다운 삶, 사랑 그리고 마무리》, 보리, 1997.

홍사황 지음,《3억으로 돈 걱정 없는 노후 30년》, 위즈덤하우스, 2011.

홍자성 지음, 김이리 엮음,《채근담》, 주변인의길, 2015.

Team Black(이정훈, 김태한),《기획자의 책 생각》, 책과강연, 2018.